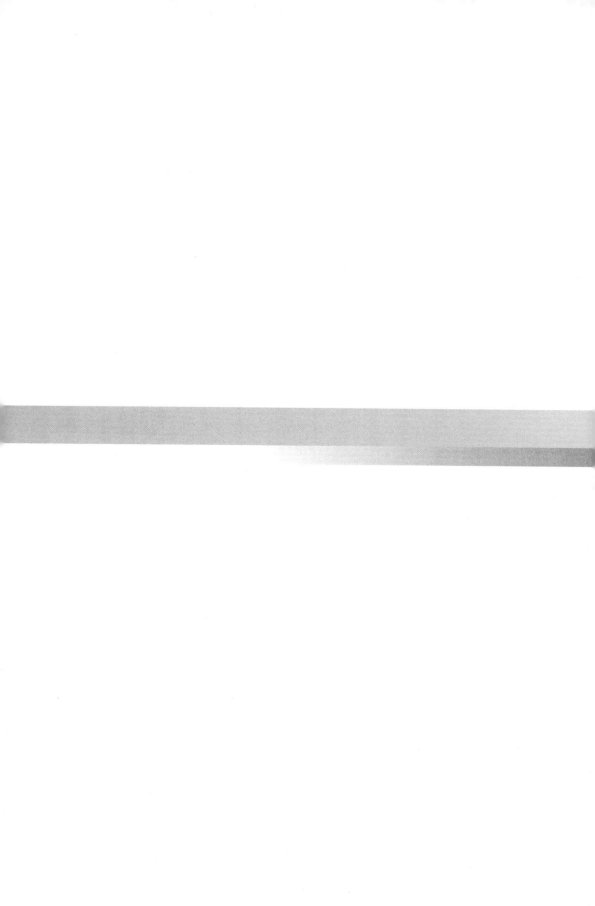

制度环境与企业创新
绩效关系研究

高　辉◎著

中国财经出版传媒集团

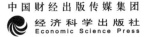

经济科学出版社
Economic Science Press

·北 京·

图书在版编目（CIP）数据

制度环境与企业创新绩效关系研究/高辉著．－－北
京：经济科学出版社，2024.5
ISBN 978－7－5218－5848－8

Ⅰ.①制…　Ⅱ.①高…　Ⅲ.①企业创新－企业绩效－
研究－中国　Ⅳ.①F279.23

中国国家版本馆 CIP 数据核字（2024）第 084879 号

责任编辑：周国强
责任校对：杨　海
责任印制：张佳裕

制度环境与企业创新绩效关系研究

ZHIDU HUANJING YU QIYE CHUANGXIN JIXIAO GUANXI YANYIU

高　辉　著

经济科学出版社出版、发行　新华书店经销
社址：北京市海淀区阜成路甲 28 号　邮编：100142
总编部电话：010－88191217　发行部电话：010－88191522
网址：www. esp. com. cn
电子邮箱：esp@ esp. com. cn
天猫网店：经济科学出版社旗舰店
网址：http：//jjkxcbs. tmall. com
固安华明印业有限公司印装
710×1000　16 开　14. 25 印张　230000 字
2024 年 5 月第 1 版　2024 年 5 月第 1 次印刷
ISBN 978－7－5218－5848－8　定价：86. 00 元
（图书出现印装问题，本社负责调换。电话：010－88191545）
（版权所有　侵权必究　打击盗版　举报热线：010－88191661
QQ：2242791300　营销中心电话：010－88191537
电子邮箱：dbts@ esp. com. cn）

　　经济全球化和技术快速变革的动态环境使得创新成为企业获取竞争优势和不断成长的关键。如何提高创新绩效是许多学者和实践者密切关注的话题。随着新兴经济的发展，制度理论逐渐引起重视，被认为是解释企业战略和绩效的支柱理论之一。大量研究表明，制度环境对企业的创新活动和绩效具有重要的影响。除了产业特征和资源条件外，企业创新绩效的差异很大程度上来自企业所处的制度环境质量。然而，制度环境如何作用于企业的创新绩效是现有研究尚未解决的一大难题。

　　中国作为世界上最大的发展中国家，当前正经历着由高速增长阶段向高质量发展阶段的深刻转型。在转型过程中，制度环境为高质量发展提供了稳定的基础和有力的保障。中国不断完善以规则为基础的制度结构，通过加强法治建设、优化营商环境、深化"放管服"改革等措施，为企业和市场主体创造了一个更加公平、透明、可预期的营商环境，极大地激发了企业家精神和市场活力，促使企业更加积极地采取以市场或创新为导向的发展战略。然而，也需要注意到，当前的制度环境仍存在一些挑战和问题，如制度执行不力、政策落实不到位、监管缺失等，在一定程度上为企业增加了运营成本和风险，提高了环境的不确定性，促使企业更倾向于通过非市场手段来获取资源和优势，采取保守而非创新的战略。由于采取了不同的战略，企业的绩效来源和绩效结果存在显著差异。根据制度基础观，制度环境首先通过激励和合法性约束影响了企业的战略选择，进而产生了相应的绩效结果。制度环境对企业创新绩效的影响需要通过恰当的战略来实现。然而，现实情况中企业战略的选择难以用现有的制度理论进行充分解释。如何解释同一制度环境下企业的战略选择差异？在制度的约束下，企业在多大程度上能够以及如何自由地选择战略变量？可以推断，在制度环境与战略选择之间一定存在一种调节机制。

为此，本书基于制度理论、管理认知和高阶理论，引入公司企业家精神作为中介变量，企业家特质作为调节变量，来探讨制度环境对创新绩效的作用机制。本书认为，制度环境通过影响公司企业家精神战略的选择和实施，进而影响企业的创新绩效。包括规制、认知和规范维度的创业制度环境质量越好，公司企业家精神水平越高，因而企业能够获得更高的创新绩效。同时，制度环境与公司企业家精神的关系受到企业家特质的影响。企业家自恋倾向越高，其对创业制度环境的认知更加乐观和积极响应，更倾向于采取公司企业家精神战略；企业家如果具有国外企业的工作经历，在对创业制度环境进行解读和认知中更容易遵循市场规则和竞争逻辑，从而公司企业家精神水平越高。企业家自恋和职业经历的调节效应也会影响到公司企业家精神在制度环境与创新绩效之间的中介效应。

为了验证上述观点，本书选取了北京、福建、重庆、吉林、山西和甘肃六个地区的非国有的高新技术企业为样本进行了问卷调查研究。通过对董事长/总经理的调研，本书对收集的数据进行了处理和分析。在达到信度、效度、共同方法偏差等基本要求的基础上，本书采用了相关分析、逐步回归法、层次回归法、Sobel 检验和 Bootstrap 方法等对假设进行了检验。实证结果表明：制度环境对创新绩效具有显著的正向影响；制度环境对公司企业家精神具有显著的正向影响；公司企业家精神对创新绩效具有显著的正向影响；公司企业家精神在制度环境与创新绩效之间起显著的中介作用；企业家自恋和企业家职业经历分别对制度环境和公司企业精神之间的关系起显著的正向调节作用；企业家自恋和职业经历分别对公司企业家精神的中介作用起显著的调节作用。因此，本书的实证检验结果均支持了假设。

通过理论推理和实证检验，本书研究得出：在制度环境影响企业创新绩效的过程中，公司企业家精神扮演了中介的角色，企业家自恋和企业家职业经历显著调节了制度环境与公司企业家精神的关系，以及公司企业家精神的中介效应。本书的研究结论对制度环境与企业创新绩效的相关理论和实践具有一定的意义和启示。在理论方面，首先，引入公司企业家精神和企业家特质是为解释制度环境对企业创新绩效产生作用的内在机理的一次有益的探索，为更多中介变量和调节变量的引入提供了启示。其次，本书对制度理论和管理认知、高阶理论的整合在一定程度上揭开了制度对企业战略行为的作用"黑箱"，能够为许多战略问题提供解决思路，并且启示未来研究应该重视多种理论的结合，以有效解释中国管理的复杂议题。最后，本书考虑了中国转型经济情境下的制度环境和企业家特征，以此对企业的战略差异性做出解释，是对情境化研究的一次有益的尝试。在实践方面，本书建议企业若要提高创新绩效，必须要充分考虑制度环境和高层管理者的影响，并充分理解制度环境的作用机制。而且，企业可以利用公司企业家精神这一合法和有效的路径来提高绩效和持续获取竞争优势。

当然，本书研究还存在一定的局限。在研究方法上，未来的研究可以从扩大研究样本、开发基于中国情境的量表、采取纵向研究等方面进行深化；在理论发展上，未来应当进一步拓展制度环境对企业战略和绩效的作用机制研究，探索更多的企业家特质对制度作用过程的影响，拓展制度理论在中国经济高质量发展新阶段对其他企业管理问题的应用，以及探索制度变迁对企业行为和绩效的影响。

目　录

第 1 章

绪　论

在中国经济高质量发展新阶段，制度环境是解释企业创新绩效差异的重要原因。然而，制度环境如何作用于创新绩效，仍是一个未解的难题。制度环境发生作用的载体是什么？制度环境通过什么机制影响创新绩效？制度环境的影响过程会受到哪些因素的影响？这些都是本书将要解决的问题。本章作为绪论，将主要介绍选题的研究背景和研究意义，用以提出研究问题和研究价值，在此基础上形成本书的研究目的和具体的研究内容。最后化问题为研究设计，描述研究的基本途径，包括研究方法、技术路线和章节安排等。

1.1　研究背景

党的十九大报告提出，"我国经济已由高速增长阶段转向高质量发展阶段"。创新是推动经济高质量发展的第一动力，而企业作为市场经济的微观主体，促进企业创新无疑是实现我国经济高质量发展的关键所在，也是新质生产力形成的重要引擎。为此，众多学者从创新的角度开展了广泛的研究，其中，如何激励企业创新和提高创新绩效是战略管理研究的焦点和热点话题。

从要素驱动型粗放发展模式向集约式的创新驱动型发展模式转变，要依赖于更大力度的改革开放以进一步完善高质量发展的制度基础，特别是完善那些最为基础的正式制度环境（如机会均等、各种要素的自由流动、竞争中性、所有制中立）和非正式制度环境（如平等自由、民主法制、公平正义、诚信友爱、和谐透明的社会规范和文化理念）（田国强、陈旭东，2022）。因此，在促进企业创新和高质量发展的过程中，制度环境是关键的影响因素（Peng，2002）。制度理论认为，制度框架所蕴含的激励以及合法性约束影响企业的战略选择和绩效。制度环境是社会中指导、支持或限制经济活动的一系列政治、法律和社会的法则，来自规制、认知和规范三个方面的制度要素约束着企业的行为。除了资源和产业因素以外，企业的创新投入和产出也是制度要素作用的结果。特别是对于发展模式转型中的企业而言，企业的创新绩效水平受制于制度环境的质量。

尽管制度质量对提升企业创新绩效的重要性已经得到大量研究的认可，然而，仍有两个问题尚未得到解决。一是对于制度如何影响企业创新绩效的问题依然缺乏深入的分析，对制度的影响方式和路径探索不够，即制度对创新绩效的作用机制是什么？二是作为一个含义比较宽泛的构念，制度作用于创新绩效的载体比较混乱，即何种制度要素在提升创新绩效中扮演着何种角色？这些问题都亟须进一步地深入研究。

自20世纪90年代以来，以创新、变革为主要特征的公司创业行为不断涌现，并逐渐成为企业应对全球化经济和技术快速变革的最有力的工具。"公司企业家精神"概念也成为战略研究和创业研究的热点和焦点。公司企业家精神是企业为了适应环境变化，以创新为核心，通过创造性地整合资源而获取竞争优势的战略选择。在高度动态和充满不确定的环境下，公司企业家精神被认为是企业实现创新目标最为有效的方法和路径，是企业创新绩效的直接来源（Morris et al.，2011；Goodale et al.，2011）。企业只有采取和实施公司企业家精神这一重要的增长战略，通过创新和风险活动来应对环境变化，才能够不断适应环境变化和获取竞争优势（Ireland et al.，2009）。

就有关公司企业家精神的现有研究，对其前因的考虑包括环境因素和组织因素。环境因素有制度环境和产业环境，组织因素有高管团队、资源、管理实践等。其中，制度环境对公司企业家精神具有重要的影响，特别是对于转型经济下的企业的影响更为突出。基于制度的战略观认为，企业的战略和绩效是制度与组织互动的结果（Peng，2002）。作为一项战略决策，公司企业家精神是企业面对规制、规范和认知环境所做出的追求合法性的战略反应（Li，2001），也是在制度激励下做出的理性选择。如果创业制度环境越好，企业越倾向于以企业家精神为导向，从事具有创新性、先动性和风险承担性的活动；反之，企业家精神水平越低，企业可能采取模仿战略来谋取利益。

在制度不断转型的环境下，创新成为企业打破旧有惯例而实现成长和不断获取竞争优势的关键，则公司企业家精神则是实现这一目标的方法和过程。制度基础观的"制度－战略－绩效"研究范式认为，制度环境对创新绩效的影响是通过企业的战略行为而实现的。制度环境只有与合适的战略相匹配才能够产生卓越的创新绩效。而公司企业家精神作为一项以创新为核心的战略决策，可能连接了制度与创新绩效的关系。由于创业制度环境的质量影响了公司企业家精神战略的制定和实施，则公司企业家精神直接影响企业的创新绩效结果。因此，可以推断，公司企业家精神可以作为制度环境与创新绩效的中间机制。

在已有的制度与创新的研究中，无论是制度配置企业家活动理论（Baumol，1990），还是制度基础观（Peng & Heath，1996），都隐含这一命题：在既定的制度环境下，企业家活动配置或者说战略选择具有唯一性。然而，这一理论却没有说明在中国经济向高质量发展转型的过程中，激励高速增长和高质量发展的制度结构并存下，企业家精神的反应模式及战略选择会是什么？制度影响战略选择的黑箱如何破解？可以推断，在制度环境与企业战略选择之间一定存在一种调节机制。

管理认知和高阶理论认为，环境－战略的关系是通过战略制定者的管理认知模式产生作用的。企业的战略决策是战略制定者对正式和非正式制度做出的反应，而结果的差异则来自于管理认知的不同。作为战略决策者，企业家个人因素在企业的创新和创业战略的制定中扮演重要的角色。企业家心理特质、个性、价值观和经历会影响其对制度环境的解读和战略偏好，故会影响制度逻辑过程。然而，已有研究多是从环境或组织因素进行单方面的解释，而缺乏对多个视角的整合（Hornsby et al.，2002；蒋春燕和孙秀丽，2013）。实际上，公司企业家精神战略的选择和实施是企业内外部因素共同作用的结果。因此，对公司企业家精神的分析需要综合考虑制度因素和企业家因素。特别是在中国转型经济情境下，制度环境不断地变化和充满了不确定性，正式制度的空缺和非正式制度的重要作用也增强了企业家的重要性。对企业家特质进行分析也许是打开"制度－战略"这一黑箱的关键所在。

因此，企业的创新绩效水平与制度环境、公司企业家精神、企业家特质有重要关联。基于中国转型经济情境，以及针对现有的问题和背景，本研究试图引入公司企业家精神作为中介变量，企业家特质作为调节变量，来探索制度环境对创新绩效的作用机制。

1.2 研究意义

1.2.1 现实意义

本书的选题来自对一个现实问题的思考：企业创新绩效的差异来源于创业制度的质量，然而为什么处于同一制度环境下的企业具有不同的创新绩效？除了企业自身的因素，例如，规模、能力和资源等以外，本书认为这是由于企业采取了不同的战略所导致。然而企业做出战略选择的内在机理是什么？制度通过何种途径影响企业战略的选择？特别是在中国复杂制度结构下，企业家精神的反应模式是什么？解决这些问题对于企业的发展具有重要的现实意义。

第一，探索制度环境对创新绩效的作用机制这一"黑箱"，能够使企业了解创新绩效的影响因素，在一定程度上启示和有利于企业提高创新绩效。虽然很多企业深刻意识到制度环境的重要性，但多数并未真正理解制度环境的内涵和作用机制，甚至有些企业所采取的行为并没有充分考虑制度环境的约束。首先，一提到制度，企业可能首先考虑的是法律、政策等正式制度，实际上，创业制度环境体现在规制、认知和规范等各个层面。在新的高质量发展阶段，原有适应高速增长阶段的制度要素很难继续支撑高质量发展，需要有高质量的体制机制、政策体系和文化环境来支持。其次，创业制度环境为企业的创新战略提供规制、认知和规范，企业为提高创新绩效所采取的战略和行为必须要符合合法性要求，才能够得以顺利开展和实现目标。最后，企业是否制定公司企业家精神战略则依赖于企业家对创业制度环境的认知，而这种管理认知模式与企业家特质有关。由此证明，企业的创新绩效是创业制度环境、公司企业家精神战略和企业家特质的综合结果。

第二，探索制度环境与企业家特质的作用可以为企业战略决策的制定提供一定的借鉴。虽然本书讨论的是创业制度环境对企业创新绩效的作用机制，引入的是公司企业家精神战略和企业家自恋、职业经历两种特质。但是本书的研究能够在一般意义上解释制度环境和企业家特质对企业战略的影响，即在分析企业其他战略行为和绩效时，可以从制度环境和企业家特质这两个角度切入。制度环境通过提供激励和合法性约束影响企业的战略选择，但是这一影响过程是通过高层管理者的管理认知而实现的，高管对正式和非正式约束的反映决定了企业的战略选择，而高管的特质塑造了其管理认知，从而影响了制度作用于战略选择的过程。因此，本书的研究对企业制定战略具有重要的意义。

1.2.2　理论意义

除上述现实意义外，本书对理论的发展也具有一定的价值。具体包括以下三个方面：

第一，探索制度环境与创新绩效的关系和其中的内在机理不仅为制度环境影响创新绩效的路径提供了思路，而且为解释制度环境影响战略行为和绩效的机制进行了有益的尝试。以往的研究多是直接检验制度对创新的影响，而忽视了制度发生作用的内在机制。本书试图引入中介变量和调节变量对这一内在机制进行探索，具体地，认为制度环境通过公司企业家精神这一中介变量影响创新绩效，同时接受企业家特质这一变量的调节。并且这一研究思路为打开制度影响企业战略和绩效的黑箱提供了启示。来自规制、认知和规范的合法性要求制约着企业的战略选择，在这个过程中，有限理性的高层管理者对制度环境的认知影响了企业的战略选择，而高层管理者的特质影响了管理认知模式的形成。本书的观点能够促进制度理论在战略管理领域的应用，为制度与战略的关系研究提供有益的思路。

第二，本书拓展了制度理论和高阶理论的相关研究。首先，在以往的制度研究中，多数是从正式制度或者文化的角度展开分析，而缺乏对规范、认知等内容的讨论。本书采用布塞尼茨等（Busenitz et al.，2000）的创业制度框架，从规制、认知和规范三个维度来界定制度环境，较全面地考察了对公司企业家精神战略和创新绩效有影响的制度环境。其次，高阶理论的一个重要观点是采用高层管理人员的人口统计学特征来作为其认知模式和价值观的代理变量。虽然这种方法可以在一定程度上衡量管理认知，但是仍具有一定的局限性，无法准确衡量高管的心理特征。本书引入了自恋这一心理特质对企业家认知的影响，减小了只采用人口统计学特征的局限。最后，本书将制度理论与高阶理论进行整合，认为企业家特质在制度环境对企业战略和绩效作用机制中产生调节性的影响，进一步放松了制度基础观的理性假设和高阶理论的任务环境和人口统计学特征的局限，从而促使对战略管理问题的解释更加有效。

第三，本书丰富了中国的情境化研究。中国管理研究多数是借鉴西方理论进行分析，然而中国与西方的企业管理存在显著的差异，许多西方理论无法有效解释中国的管理问题。最明显和关键的区别是中国的转型经济特征。在高速增长阶段转向高质量发展阶段的过程中，面临的问题比以往更为复杂，受到的约束比以往更加突出，发展对制度的要求比以往更高。在制度变革和创新的过程中，制度复杂性所提供的激励和约束促使企业选择不同的战略，因而从制度入手分析中国的管理问题是情境化研究的关键。同时，在中国情境下，企业家因素在制度的作用机制中扮演着重要的角色，这是由于制度发生作用的过程是通过企业家的管理认知而实现的。本书从制度和企业家因素展开分析是基于中国情境的研究，为中国的管理研究提供了一定的启示。

1.3　研究目的与内容

1.3.1　研究目的

根据研究背景和现状，本书将研究问题聚焦于讨论中国情境下制度环境对创新绩效的作用机制。具体包括以下两个方面：

第一，探讨"制度环境 – 公司企业家精神 – 创新绩效"的关系。制度对创新的重要性已经得到普遍认可，但是对制度如何发生作用的分析尚不明晰。鉴于制度和创新绩效定义的宽泛，现有研究多是直接检验制度环境对创新投入和创新产出的关系，或者基于经济学的激励机制或者基于社会学的合法性角度做出逻辑推理。也有的研究通过加入机会创新性、企业间合作等变量进行中介作用分析，尝试搭建制度环境与创新绩效之间的桥梁。总体来说，尽管已有研究开始对制度的作用机制进行分析，然而该种努力仍处于初步探索阶段，所取得的结果仍需要进一步验证。本书试图从基于制度的战略观入手，加入战略导向/选择作为制度环境影响企业创新绩效的中间机制。联系到有关创新的战略和制度环境，本书聚焦于创业制度环境，提出和检验公司企业家精神战略的中介作用。

第二，探讨企业家特质对"制度环境 – 公司企业家精神 – 创新绩效关系"的影响，即分析制度环境发生作用的情境化因素。在中国经济高质量发展的背景下，企业所处的制度环境日益复杂且多元，但核心在于构建稳定、透明和高效的法治环境，以及推动市场化改革的深入进行。在这样的制度环境中，企业家精神的反应模式是什么，或者说企业做出何种战略选择？制度理论由于其假设的局限性而无法对以上问题进行很好的解释。结合管理认知和高阶理论，本书提出企业家特质在这一过程中的调节影响，并聚焦于企业家自恋和企业家职业经历两种特质。将管理认知作为制度影响战略的逻辑基础，本书试图讨论企业家自恋和职业经历是否影响了企业家面对制度环境的认知模式和战略选择，即是否调节了制度环境与公司企业家精神之间的关系。同时，本书还试图检验企业家自恋和职业经历是否进一步调节了公司企业家精神在制度环境与创新绩效关系间的中介作用。

1.3.2　研究内容

围绕上述研究目的，本书主要研究以下几种变量间的关系：

（1）制度环境与创新绩效。制度决定经济绩效。特别是在中国转型经济情境中，制度环境在企业提升创新绩效中扮演着更重要的角色。由于不断变化和相互竞争的复杂制度结构，企业的创新绩效取决于能够决定企业家配置于创新活动的制度报酬和合法性约束。由于制度含义的广泛性，本书将聚焦于创业制度环境，从规制环境、认知环境和规范环境三个角度来分析和检验制度环境对企业创新绩效的影响。

（2）公司企业家精神与创新绩效。企业创新绩效的提高，虽然受制于制度环境的质量，但是直接来源于创新和创业战略的成功实施。公司企业家精神是企业的一种有关创新的战略姿态，其创新性、先动性和风险承担性有利于企业把握市场机会，掌握主动权和控制权，促进产品创新、敢于承担风险和提高创新的成功率，进而有利于提高企业的创新绩效。为此，本书试图检验公司企业家精神对创新绩效的影响。

（3）制度环境与公司企业家精神。基于制度的战略理论认为，制度决定了企业的战略选择。企业的战略不仅由产业特征和企业资源所驱动，而且是企业家面对制度环境的反映。有关创业的规制环境、认知环境和规范环境影响公司企业家精神战略的制定，制度环境质量越高，企业家更加倾向于将资源配置于具有创新性、先动性和风险承担性的企业家精神活动。本书将通过实证研究检验制度环境对公司企业家精神的影响。

（4）公司企业家精神的中介作用。根据制度理论，制度作为自变量，影响着企业的战略选择和绩效。制度环境对企业创新绩效的影响首先反映到具体的战略行为中，而公司企业家精神作为一种战略选择，直接影响企业的创新绩效水平，同时，也是制度环境作用的结果。制度环境激励或者约束了公司企业家精神战略的选择，进而影响企业的创新绩效。本书试图引入公司企业家精神作为中介变量来解释制度环境对创新绩效的作用机制。

（5）企业家自恋的调节作用。在创业研究中，自恋是企业家的一种重要的个性特质。自恋会影响企业家对环境的认知、处理问题的方式和对战略行为的偏好。通常来讲，由于自恋者的自大和对满足自大感的持续追求，自恋型企业家面对创业制度环境会表现出自信，并积极响应和更加偏好大胆、激进的行动，以及做出符合自身利益的公司企业家精神战略。本书试图检验企业家自恋在制度环境与公司企业家精神之间的调节作用。

（6）企业家职业经历的调节作用。虽然企业家职业经历是一项人口统计学特征，但是其塑造了企业家的知识结构和管理认知模式，从而影响企业家对制度环境的认知和反应。根据中国转型经济情境下企业家角色的突出地位和企业性质的差异性，企业家是否具有外资企业的工作经历对企业的公司企业家精神战略的选择具有重要的影响。本书将企业家职业经历分为有外资企业工作经历和无外资企业工作经历两类，来检验其在制度环境与公司企业家精神之间的调节作用。

（7）企业家自恋和职业经历的调节中介作用。由于企业家自恋和职业经历调节了制度环境与公司企业家精神间的关系，而公司企业家精神在制度环境与创新绩效间起中介作用，因此，企业家自恋和职业经历的调节作用可能会进一步通过公司企业家精神影响到创新绩效，即企业家自恋和职业经历对公司企业家精神的中介效应产生调节性影响。本书提出了第一阶段的被调节的中介模型，试图检验企业家自恋和职业经历的调节中介效应，以验证企业家特质是否在制度环境对创新绩效的作用机制中产生重要的影响。

1.4　研究的技术路线

1.4.1　研究方法

本书属于应用理论的演绎研究，包括理论和实证两个部分。在理论部分，采用了文献分析法和逻辑演绎法。文献分析法是对现有文献进行回顾和评述，以发现研究的不足；同时为选题寻找依据。具体而言，本书围绕创新绩效、制度环境、公司企业家精神、企业家自恋和企业家职业经历五个变量的研究现状进行了总结性的整理和评价。逻辑演绎法是对与选题相关的理论进行说明，并以此推导出假设。这是形成理论模型的根本和基础。本书介绍了制度理论、管理认知理论、高阶理论以及对研究假设进行了逻辑推理。

在实证部分，包括数据搜集方法和数据处理方法。对于数据收集方法，本书对变量的测量采用的是量表工具，因而采用问卷调查法进行主观性的评价。由于问卷调查法具有快速、廉价、有效、操作性强的特点，而被管理研究广泛使用。本书以企业家为调查对象，选取了非国有的高新技术企业作为研究样本。问卷的设计不仅包括主要变量的测量，还询问了企业和企业家的基本特征。对于数据处理方法，本书主要进行了信度检验、效度检验、共同方法偏差检验、描述性统计分析、相关分析和回归分析。在这些检验和分析中，主要使用了内部一致性信度法、验证性因子分析、逐步回归法、层次回归法、Sobel 检验、Bootstrap 法等方法。其中，运用验证性因子分析计算了因子载荷值、AVE 值、CR 值来检验效度，以及识别了模型拟合度来检验共同方法偏差；运用逐步回归法、Sobel 检验和 Bootstrap 法来检验中介作用；运用层次回归法来检验调节作用；运用 Bootstrap 法来检验被调节的中介模型。所使用的软件工具有 SPSS 20.0 和 AMOS 17.0。

1.4.2　技术路线

技术路线是研究的基本途径。根据已有文献，按照北美管理研究范式，本书属于应用理论的演绎研究，即根据理论进行逻辑演绎以及提出假设，并通过观察和实证进行假设检验（王京伦，2016）。本书拟采用的技术路线如图 1.1 所示。

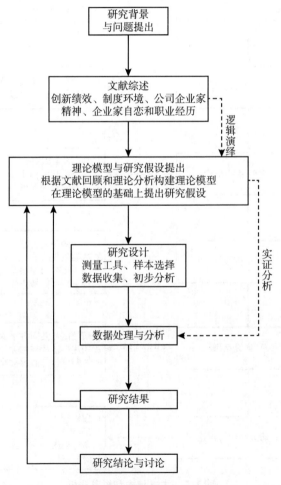

图 1.1　本书采用的技术路线

1.4.3 章节安排

遵循基本的管理学研究范式和论文写作范式，本书将从六个章节系统论证研究的论点。具体安排如图 1.2 所示。

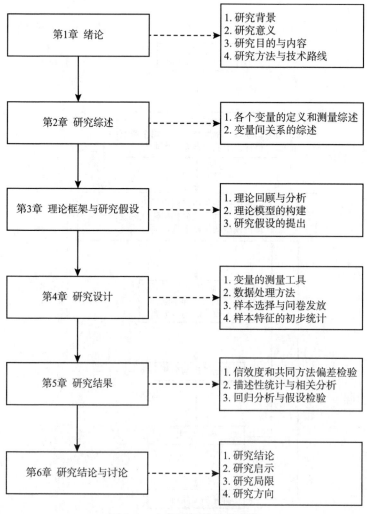

图 1.2 本书结构和章节安排

第 2 章

研究综述

研究综述是对已有研究的回顾、总结和评价。目的是为选题寻找研究依据，并发现已有研究的不足之处。本章回顾了相关变量的定义、测量和变量间的关系，包括创新绩效、制度环境、公司企业家精神、企业家特质（企业家自恋和职业经历），以梳理各领域的发展脉络和研究现状，为本书的理论框架和假设的提出建立文献基础和科学依据。

2.1 创新绩效

如何提高企业的绩效水平一直是战略管理研究的核心问题。在当今动态、复杂和难以预测的全球化经济中，创新被认为是企业寻求生存和发展的唯一出路，而取得良好的创新绩效成为企业提高竞争能力和整体绩效的关键。正因为此，创新绩效成为目前管理研究的前沿热点。其中，创新绩效的影响因素，即如何提高创新绩效的议题是现有研究关注的焦点（黄攸立和陈如琳，2010）。然而，在解决这个问题之前，我们首先需要明确创新绩效的含义。因此，本节总结了创新绩效的相关定义和测量，并结合本书的研究内容和框架确定本书中创新绩效的概念和测量方式。

2.1.1　创新绩效的概念

在定义创新绩效的概念之前，有必要先厘清绩效的内涵。通常意义上，绩效反映的是企业的经营结果。组织绩效是战略管理研究的核心问题和绝对的因变量，是所有战略管理理论的出发点。然而，绩效是一个复杂和宽泛的概念，现有文献对绩效的结构和概念并未达成一致的意见（Kirby，2005）。目前，学术界对绩效的界定主要基于结果、行为和能力三种视角（Berrmrdin & Beatty，1984）。其中，从结果视角定义绩效比较直观显见，但存在许多工作难以直接量化的弊端，而行为及能力的代理视角可做有益补充（Campbell，1997）。作为一种构造，组织绩效无法形成一个科学明确的定义，只能根据理论模型来建构（Campbell，1977），并通过具体的测量来反映其潜在的构念特征（Steers，1975）。因此，绩效的界定和测量需要依据实际的研究内容、理论背景以及模型中的因果关系来确定。

创新绩效，顾名思义，是有关创新的绩效，用来评价企业创新活动的效率和效果，属于组织绩效的一种特定形式。而"创新"一词的含义更是值得探讨。虽然创新对于企业竞争优势和整体经济发展的重要作用凸显，但是对于创新这个概念的界定和使用却是多种多样的。在这些丰富的创新概念定义中，每一种都是强调创新的某一个方面。第一个关于创新概念的定义出现于19世纪20年代晚期，是由熊彼特（Schumpeter）给出的，他着重强调新奇性方面。依据他的观点，创新反映为一个新奇结果的出现：一个新的产品或一个新品质的产品，一个新的生产办法，一个新的市场，一个新的供应来源，或者一个新的组织结构。这些被简要概括为"donging things differently"。可以说，现有的创新文献对创新的理解基本都来自熊彼特的研究。

创新作为一个包含多方面的综合概念，学者们对于其内涵和外延的划分维度是多种多样的。总结起来，可以归纳为两大类：创新作为一个过程和创新作为一个结果。首先是创新作为一个过程，学者们从五个方面对于创新进行了划分，这五个方面分别是：创新的层面、创新的驱动、创新的方向、创新的来源和创新的产生地。创新的层面包括个人、团队和企业；创新的驱动包括资源和市场机会；创新的方向包括自上而下和自下而上；创新的来源包括发明和获取；创新产生地包括企业和网络。然后是创新作为一个结果，学者们从四个方面对于创新进行了划分，这四个方面分别是：创新的表现形式、创新的程度、创新的涉及面和创新的类型。创新的表现形式包括产品创新、服务创新、过程创新和企业模型创新；创新的程度包括渐进性创新和突破性创新；创新涉及面包括企业创新、市场创新和产业创新；创新类型包括管理创新和技术创新。学者们从其中一个方面或者几个方面对于创新进行了相关的研究，为我们对于创新的理解提供了多方面和多层次的认识。

由于绩效界定视角不一，加之创新的内涵丰富，长期以来，对创新绩效的界定仍未达成统一的认识。例如，德鲁克（Drucker，1993）将创新绩效理解为对企业技术创新的综合评价；而林顿（Linton，2009）认为任何一种创新绩效都包括技术创新和社会创新两个维度，技术创新绩效是技术/工艺过程和产品的改变，社会创新绩效是新的社会系统的引入，如专利系统等；阿莱格雷和希瓦（Alegre & Chiva，2013）则给出了一般意义上的定义，认为创新绩效是企业经过对创新系统投入一定的资源要素后所取得的效果和效率的提升。

学者们基于不同的角度对创新绩效进行了解释。按照狭义和广义的界定方法，哈格多恩和克洛特（Hagedoorn & Cloodt，2003）认为，狭义的创新绩效是企业将发明和创新引入市场的结果，而广义的创新绩效则是指新概念或新想法从产生到形成发明以及引入市场的整个过程，既包括创新的技术方面，也包括新产品投入市场方面的绩效。还有一种角度是认为创新绩效包括产品创新和过程创新两种结果（Meeus & Oerlemans，2000；Wang & Ahmed，2004；Ari et al.，2005；Alegre & Chiva，2013）。例如，阿里等（Ari et al.，2005）认为创新绩效是指企业通过产品创新或过程创新活动而产生的绩效提升。梅乌斯和乌利曼（Meeus & Oerlemans，2000）指出，企业的创新绩效是为组织的经济绩效作出贡献的产品和过程创新，至少意味着企业能够真正地实现发明的市场化，例如，新产品、新过程/系统和新工具的引进。此外，创新绩效还可以根据创新程度来定义和划分。例如，罗奇福德和鲁迪里尔斯（Rochford & Rudelius，1997）认为，创新绩效按照产品的创新程度分为全新产品和改良产品两种类型，而通过全新产品和技术方面产生的创新绩效又被称为激进式创新绩效（Chang et al.，2012）。

综上所述，企业创新绩效尚未有统一的定义。概括来讲，创新绩效是指企业在创新方面所做的努力和取得的成果。本书则把创新作为一种结果来对待。其中，产品创新对企业的重要性已经得到广泛的认可（Montalvo，2006）。无论是技术创新、过程创新还是其他的创新形式，最终会反映到新产品的开发当中，通过新产品的引入影响企业的利润和增长。因此，本书聚焦于新产品创新，认为创新绩效是企业进行新产品开发所取得的成果。

2.1.2 创新绩效的测量

2.1.2.1 创新绩效的测量方式

自"创新"被纳入管理学的研究领域以来，学者们一直就如何测量创新绩效进行着探索。从最初仅考虑创新产出到关注创新过程，从单纯的数量累加到权重赋予，从单个指标到多维度的结构化量表，创新绩效的测量研究涉及的内容越来越全面，方法越来越严谨，框架越来越清晰。源于绩效的宽泛概念，创新绩效的测量工具也呈现多元化的特点。在对企业创新进行测量时，学者们从不同的角度切入，选择了相对不同的测量方式和方法。总体来看，这些测量手段可以归结为三大类：按照数据的来源方式，可以分为主观测量法（Atuahene-Lina & Li，2004）和客观测量法（Liu & Buck，2007）；按照测量指标的选取，可以分为财务指标（Chen et al.，2014）和非财务指标（Khalili et al.，2013）；按照测量的内容，可以分为专利测量法（Jiang et al.，2011）和新产品收益测量法（Atuahene-Lina & Li，2006）。

第一，根据数据的收集方式，创新绩效的测量可以划分为客观测量法和主观测量法。客观测量法是利用已存在的二手数据进行衡量，一般包括上市公司数据、专利数据、企业调查数据、全球创业观察、世界银行等机构出版和披露的数据。主观测量法是通过调研问卷询问被调查者对创新绩效的评价，一般是通过量表的形式表现出来。主观测量包括完全主观和类似客观两种（Richard et al.，2009），二者的区别在于类似客观的题项涉及的是一些财务指标，如资产负债率等。客观测量法和主观测量法各有利弊。客观测量法的数据相对客观，有较高的可靠性、可复制性和时间跨度，但有时难以获取和如实地表示构念。主观测量法可以有效地操作化定义创新绩效的构念，但也不能忽视由于被调查者心理偏差而造成的测量误差问题（Gilovich et al.，2002）。因此，主观法和客观法的选择需要根据具体研究而定。

第二，根据测量指标的分类，创新绩效的测量可以划分为财务指标和非财务指标（Venkatraman & Ramanujam，1986）。财务指标指的是由于创新活动而产生的财务绩效表现，例如，资产收益率、销售额、利润率等（Chen et al.，2015）；非财务指标则是指衡量创新活动在非财务绩效上的表现，例如，新产品的开发数量、新产品的引进速度、新产品的开发成功率等（Khalili et al.，2013）。非财务指标在一定程度上弥补了财务指标的片面性，使得创新绩效的测量更加全面。也正因为此，许多研究在衡量创新绩效时同时采用了财务指标和非财务指标的方法（Brockman & Morgan，2003）。显然，非财务指标一般都是通过主观评价而获得，而财务指标既可以通过二手数据客观获取，也可以通过询问被调查者而获得。

第三，根据测量的内容，创新绩效的测量可以划分为专利测量法、新产品收益法和基于过程绩效的测量法。专利测量法是以企业获取的专利为依据衡量创新绩效的水平，包括计算特定时间内申请的专利数量（Yayavarami & Chen，2015）、在特定的年份所注册的专利被其他企业未来五年所引用的平均次数、企业专利注册时间和企业对于其专利首次引用的时间的月份差值（Leone & Reichstein，2012）等。以专利作为测量指标，不仅可以代表技术创新的有效指标，在数据获取上也比较容易。新产品收益法是对新产品的开发进行评价。由于新产品常常是技术创新的最终成果，因此与新产品相关的指标成为衡量创新绩效的重要参数。新产品的指标选取包括两类：一类是新产品的财务绩效和市场绩效，包括销售增长、利润增长和投资回报率等（Chen et al.，2014，2015）；另一类是新产品的开发绩效，包括新产品的引入速度、引入成功率等（Li & Atuahene-Lina，1999）。新产品收益法具有统计规范、可比性强的优点，应用较容易，但也因无法测量不能产生新产品的创新而有一定的局限性。基于过程绩效的测量法主要是衡量与研发活动有关的管理活动，例如，研发人员与客户、生产部门的交流次数、提升业务流程、改变管理方法等（Wang & Ahmed，2004）。

以上测量方法的分类是根据不同视角定义的，并不能概括所有的测量方式。例如，劳尔森和索尔特（Laursen & Salter，2006）从激进式和渐进式的角度来定义创新绩效，即按照创新程度或规模的不同来衡量创新水平。但是他们利用的指标是新产品的营业额，这既是客观测量方法，也属于新产品收益法。可见，尽管测量方式多种多样，但以上三种分类包含了基本的方法。还需要注意的是，学者们在其自身的研究中采用的测量指标是不尽相同的，即使是在同一类别下，测量指标的选取和计算方式也是互为不同的。因此，创新绩效测量的关键是根据研究内容和理论框架确定恰当的测量方式和指标选取。

2.1.2.2　本书中的测量

绩效的测量方式反映了潜在的绩效构念（Steers，1975）。创新绩效的不同界定需要相匹配的测量方式，而测量结构也反映了创新绩效本身的含义。同时，在一个理论模型中，理解不同的自变量对于因变量的界定和测量至关重要（March & Sutton，1997），否则会容易产生测量偏差问题。对于创新绩效而言，不同的前因变量表明了不同的关系和理论逻辑，而测量方式的选择应当符合具体的情境。如果前因变量或者情境发生了改变，创新绩效的构念界定和测量结构都需要做出相应的调整。因此，创新绩效的定义和测量应该根据研究内容和理论框架而定，即明确具体的研究问题、自变量和其他相关变量以及具体的情境。

本书意图讨论在中国转型经济这一独特情境下的制度环境如何影响企业

创新和创业活动以及创新绩效的问题。因此，本书总结了制度研究和创业研究文献中关于创新绩效的测量，以寻找符合本书研究问题和理论框架的创新绩效的测量方式，具体如表 2.1 所示。

表 2.1 　　　　　　　　制度和创业研究中常见的创新绩效测量指标

代表文献	指标	测量方法
Brockman & Morgan (2003)	新产品的数目、销售收入、市场占有率	主观、新产品、财务、非财务
蔡俊亚和党兴华 (2005)	与竞争对手相比，新产品的开发数量、销售收入、开发成功率、新产品开发速度、专利申请	主观、新产品、专利、财务、非财务
李雪灵等 (2010)	新产品/服务活动实现了企业预期的市场份额、销售和顾客价值、销售增长、利润等目标	主观、新产品、财务
Madhoushi et al. (2011)	产品创新：率先引入新产品或服务、新产品或服务被顾客接受、比竞争者更多地引入创新性产品或服务、与竞争者对比新产品或服务的成功率 过程创新：业务过程的持续提升、生产方法的改变速度、新管理方法的开发、使用新方法解决问题	主观、新产品、过程、非财务
Yi et al. (2012)	创造新技术、引进或开发新技术、引进新产品、引进激进的新概念	主观、新产品、过程、非财务
Kang & Park (2012)	专利申请的数量	主观、专利、非财务
李玲和陶厚永 (2012)	新产品销售收入/销售收入总额	客观、新产品、财务
Khalili et al. (2013)	新产品的营销、引进新产品线、引进新项目、提高产品和服务质量、已注册的创新、组织重构	主观、新产品、非财务
陈寒松等 (2014)	行业内率先推出新产品/服务的程度、应用新技术的程度、新产品研发成功率、产品创新和改进获得很好的市场响应、产品应用一流技术和工艺的程度	主观、新产品、非财务
Chen et al. (2014)；Chen et al. (2015)；Tang et al. (2015)	产品和服务的开发达到了企业预期目标的市场份额、销售额、资产回报率（ROA）、投资回报率（ROI）、利润率	主观、新产品、财务

续表

代表文献	指标	测量方法
Kwan & Chiu (2015)	专利的数量、科技出版物、新企业的密度等	主观、专利、非财务
Shan et al. (2016)	与竞争对手相比产品创新速度、行业中引进新产品的声誉、与计划相比产品开发的及时性	主观、新产品、非财务
Gunawan et al. (2016)	上一年度新产品引入市场的数量	主观、新产品、非财务

资料来源：笔者整理。

通过对有关制度和创业主题的文献进行梳理发现，创新绩效的测量类型多样，学者们根据各自的研究内容和目的选择了不同的测量方法和指标，包括主观和客观、新产品收益法、专利测量法、过程测量法，以及财务和非财务测量指标等。总体来看，在测量方式上，大多数研究进行的是主观测量，即通过企业管理者对创新产出做出主观性评价。在测量内容上，利用新产品或服务开发来测量创新绩效的办法相对来说更为普遍。在测量指标上，既有独立使用也有综合使用财务指标、非财务指标，并且多数使用多维指标。

针对创新绩效的测量，目前学术界普遍的观点认为，单一指标无法充分反映创新绩效的潜在构念，并存在测量误差和解释能力差的问题，因此应该采用多维指标（何郁冰，2008）。同时，由于不同行业的创新各有其特点，对创新绩效的测量很难识别统一的标准，而获取标准的信息范围也较狭窄，所以很难用客观指标去衡量，而这时就需要依靠高管的主观评价（Atuahene-Gima，2005）。新产品是创新绩效的一个重要指标（Katila & Ahuja，2002），新产品的开发不仅体现了企业对市场和技术变革的适应能力，而且会显著影响市场份额、市场价值和企业生存。尽管专利也是衡量创新绩效的一种常用的方法，但是并不能体现没有获得专利却投入生产和市场的创新，也不能体现创新的经济价值（Wang et al.，2015）。鉴于以上原因，本书对创新绩效的测量依靠高管对新产品开发的整体实力进行评估而实现。

2.1.3　小结

经过上述文献的回顾和讨论，可以清晰地认识到，创新绩效作为战略管理领域的焦点和热点议题，对其概念和测量尚未形成统一的认识。源于"创新"一词的丰富内涵，对创新的评估也具有差异性。另外，作为组织绩效的一种类型和内容，对创新绩效的讨论基于组织绩效的相关理论和解释。作为一个构造或伪多维构念（罗胜强和姜嬿，2014），创新绩效的界定和衡量需要根据理论模型来确定，并因此呈现多样性的特点。本节回顾了创新绩效的已有研究，根据数据收集方式、测量指标、测量内容等角度对创新绩效的测量方法进行了总结。按照数据收集方式可以分为主观测量和客观测量，按照测量内容可以分为新产品收益法、专利法和基于过程的测量，按照测量指标可以分为财务指标和非财务指标。创新绩效的每一种测量都可以在这三种分类中找到相应的位置。而具体维度和指标的确定根据研究内容和研究设计的不同而不同，具有很强的情境化，包括环境因素、组织内部因素、时间变量等。

本书旨在讨论中国转型经济下企业创新绩效的影响因素，集中于分析制度环境、公司企业家精神和企业家特质与创新绩效的关系，因此，根据相关研究和本书的理论模型和变量间的关系给出了创新绩效在本书中的概念和测量。鉴于已有制度和创业研究中对创新绩效的讨论聚焦于新产品创新绩效，并多数采用主观评价法进行，本书将创新绩效定义为企业进行新产品开发所取得的成果，综合采用主观评价、新产品收益、非财务指标的方法。

2.2　制度环境

自改革开放以来，计划经济向社会主义市场经济的转型释放了经济自主权，刺激了大量创业和创新的产生。作为一个国家或地区的经济、政治、社会制度发展的状况，制度环境成为企业从事创新活动和创新成功的关键影响因素。在管理学中，制度理论主要借鉴以诺斯为代表的新制度经济学和以斯科特为代表的组织社会学的制度理论，从激励机制、合法性等角度分析了制度对企业战略和绩效的影响。本节将对制度的概念和测量进行回顾，并着重评述有关创新和创业的制度环境及其与创新绩效的关系。

2.2.1 制度的概念

作为社会中最古老和应用最广泛的概念之一，制度这个概念有很多不同的含义和用法，并且随着理论的发展不断表现出新的含义。在战略管理研究文献中，"制度"一词是对英文"institution"的翻译。实际上，由于学科、研究主题和个人理解的差异，"institution"一词也被解释为不同的含义，例如，经济学中，哈耶克的"秩序"、科斯的"结构性安排"、诺斯的"约束规则"，以及政治学中的"法律规则和政治组织"等。在国内，著名经济学家韦森建议将"institution"翻译为"制序"，但是根据国内学术界约定成俗的用法，本研究仍用"制度"一词来表示"institution"。

战略管理研究对制度的广泛关注源于新制度经济学的兴起。新制度经济学特别是其中的交易成本经济学对企业战略的研究影响深远。威廉姆森（Williamson，1985）认为，制度是一种资源配置的体系，包括市场机制、企业组织、特许经营、战略联盟等，而选择何种制度安排则取决于交易费用的比较。威廉姆森的交易费用理论为企业的一体化、多元化等战略问题提供了重要启示。与威廉姆森不同的是，诺斯（North，1990）从更广泛的制度和历史变迁的角度对制度和制度变迁进行了解释。在他看来，制度是人为设计的、用以形塑人们相互交往的所有约束。这些约束可以划分为正式约束和非正式约束两类，其中，正式约束是指成文的法律、规则和合约，非正式约束包括习俗、惯例、文化和行为准则等。相对来讲，威廉姆森并未触及到制度本身，诺斯的广泛定义更适合于战略管理研究。

真正使得制度要素成为战略管理研究的一个独特系统要归功于组织社会

学的新制度主义。在代表学者斯科特（Scott，1995）看来，制度包括为社会生活提供稳定和有意义的规制、规范和认知性要素，以及相关活动和资源。这些制度要素对经济行为（Peng et al.，2009）、组织行为（Tello et al.，2010）和创业行为（Busenitz et al.，2000）产生重要影响。制度为组织产生了不同类型的压力，促使组织建立自己的活动范围，以界定组织的活动和取得合法性的条件（Scott，1995）。面对不同形式的制度要素，斯科特（Scott，1995）建立了一个三维度的制度框架，包括规制、规范和认知。规制性要素强调明确的外在的各种规则设定、监督和奖惩活动；规范性要素指的是社会中的制度，通常是具有说明性的、评价性的和义务性的，包括价值观和规范等；认知性要素是关于世界的、内化于个体的系列符号表象，是一种不证自明的对外部世界的认识和理解。这三种要素相互独立或相互强化地支撑着整个社会秩序。

尽管诺斯（North，1990）将制度划分为正式制度和非正式制度，斯科特（Scott，1995）从规制、规范和认知三要素来理解制度，但是彭和希思（Peng & Heath，1996）认为这两种分类是相互补充的，包含法律、规则、管制的正式制度与规制性要素相对应，而包含规范、文化和道德的非正式制度则与规范性、认知性要素相对应。因此，彭等（Peng et al.，2009）同时吸纳了经济学和社会学的制度观点，采用整合方法而不是局限于一种领域的术语和标签。作为社会中指导、支持或限制经济活动的一系列政治、法律和社会的法则，制度环境对企业的战略和绩效产生了重要影响。

制度框架的分析需要考虑具体的领域和主题（Kostova，1997），近年来有关创业的制度环境研究逐渐引起学者们的注意（Lim et al.，2010）。已有文献所广泛讨论的创业环境是企业家或组织进行创新和创业活动过程中必须面对和能够利用的各种因素的总和，本质上是一种制度环境（蒋春燕和赵曙明，2010）。创业制度环境就是一个国家或地区的关于创新和创业活动的经济、政治和社会制度的发展情况，它为企业家精神提供激励结构，影响企业家的才能配置方向以及各种创业行为的合法性追求。特别是在转型经济体中，创业制度环境在企业家精神的发展中扮演更为重要的角色。一方面，不断转型的制度环境极大地释放了企业家精神；另一方面，制度环境的不健全制约了企业家精神的产生和发展。

目前大多数的制度环境对创业影响的研究或者是描述性的（Stephen et al.，2005），或者主要集中于制度环境的规制方面（Capelleras et al.，2008），并且多是基于全球创业观察（GEM）的制度架构，例如，金融支持、政府政策、国家文化等。然而其他如制度的价值观、规范和共享观念等方面仍缺乏重视。为了更好地理解有关创业的制度环境，布塞尼茨等（Busenitz et al.，2000）根据科斯托娃（Kostova，1997）的制度架构，对可能促进企业家精神的制度环境进行了重新定义，认为规制环境包括支持公司新业务、减少开设新公司风险的法律、规则和政府政策，规范环境是人们对企业家活动、价值创新思想的认可度，认知环境是人们拥有创新业务的知识和技能。马诺洛娃等（Manolova et al.，2008）、蒋春燕和赵曙明（2010）将这些创业制度要素应用于新兴经济体的研究中，并证实了其对企业家精神具有显著的影响。根据研究目的和内容，本书聚焦于创业制度环境，并采纳布塞尼茨等（Busenitz et al.，2000）的制度框架。因此，制度环境在本书中被理解为社会中指导、支持或限制创业活动的稳定的规则、社会规范和认知结构。

环境特征对企业路径的影响本质上是一种感知现象（Miller & Shamsie，1999）。企业的管理者根据他们对环境的感知而采取行动（Góme-Haro et al.，2011）。同理，制度环境对企业战略决策的影响是通过高管的管理认知而发生作用的（尚航标和黄培伦，2011），是规制、规范和认知等要素内化的结果。因此，本书模型中的制度环境指的是企业管理者所感知的其企业所处的有关创新和创业的制度环境，包括规制、认知和规范三个方面。

2.2.2　制度的测量

由于制度存在不同的含义和用法，制度的测量和评价也具有不同的方式和特点。作为一个复杂和广泛的概念，制度的量化是制度研究的一个难点问题。总结战略管理领域中的制度研究，对制度的测量主要从两个角度出发：

一是从经济学的角度，采用客观的正式制度和非正式制度指标作为制度环境
的代理指标；二是从组织社会学的角度，主要根据斯科特的规制、规范和认
知三维度进行主观测量。具体如表 2.2 所示。

表 2.2　　　　　　　　　　　　　制度的测量

测量类型	指标/维度		测量内容
客观测量	正式制度指标	考夫曼指标	测量各国政府治理水平
		经济自由度指数	测量各国经济自由度状况
		合约密集型货币比率	测量各国或地区有效保护产权和合约的水平
		企业经营环境指数	测量国家和地区的商业环境
		法治指数	测量各国的法治水平
		全球竞争力指数	测量各国利用其资源的效率
		世界商业环境调查	测量各国的商业环境
		市场化指数	测量各个地区的市场化程度
	非正式制度指标	信任指数	测量社会的信任程度
		诚信环境指数	测量社会的诚信状况
主观测量	规制、规范和认知三维度框架	创业制度框架	评价创业活动的合法性要求
		制度距离量表	评价国家或地区间的制度差异
		制度压力量表	评价组织所感知的制度力度
	制度支持量表		评价政府部门的支持程度

资料来源：根据罗小芳和卢现祥（2011）以及笔者总结。

　　组织管理研究中制度指标主要来自经济学研究中对制度的测量。制度质
量能够反映一国或地区的经济社会环境状况，并决定经济绩效和经济增长。
制度质量的高低一般是采用国际组织所量化和披露的代理指标进行评价。例
如，世界银行每年公布的腐败控制等相关指标、透明国际组织公布的清廉指
数用于测量各个国家和地区的腐败程度。加拿大弗雷泽研究机构每年公布的
经济自由度指数涵盖了法律结构和产品保护、政府规模、对外贸易自由度等

五个方面，用来衡量各国的经济自由程度。经济自由度指数是应用非常广泛的综合衡量一国正式制度质量的指标（罗小芳和卢现祥，2011）。国内研究广泛应用的制度代理指标是由樊纲等人编写的市场化指数，该指数测度了各省份的市场化进程，包括政府与市场的关系、产品市场的发育程度、法律制度环境等五个方面。相对来说，这些指标刻画的是国家或地区层面的制度发展状况，更多体现的是国家或地区的竞争力。一些指标（例如，世界银行的企业经营环境指数和世界商业环境调查）虽然也是宏观层面，但其出发点在于企业，是通过测量企业所在地的经营环境来评价制度质量的高低。而诸如信任指数和诚信环境指数等非正式指标的选用虽然不多，但是其刻画的内容是综合评价制度质量的重要方面，已逐渐引起更多研究的重视。

虽然客观的代理指标在一定程度上能够有效地反映制度质量，但是这些代理指标报告的国家或地区的数据都属于宏观层面，在微观层面的企业管理研究中的应用具有局限性。并且，由于实施机制和企业认知的差异，客观指标难以真正代表影响企业的制度环境。实际上，组织研究中可能更加关注管理者对制度环境的感知情况，因此主观测量法不失为一种有效的测量方式。总结战略管理研究文献，制度环境的主观测量法是由企业的高管对其企业所处的制度环境进行主观性的评价，主要基于斯科特的规制、规范和认知三个维度框架，以及李和鸿鼐吉马（Li & Atuahene-Gima，2001）的制度支持量表两种视角。其中，斯科特的三维度是该测量方式的主要模板，相关研究据此开发了操作性的量表，包括布塞尼茨等（Busenitz et al.，2000）的创业制度框架量表、科斯托娃（Kostova，1996）、陈怀超和范建红（2014）的制度距离量表等。制度支持量表是李和鸿鼐吉马（Li & Atuahene-Gima，2001）开发的用来评价政府及行政机构对企业的支持程度，属于一种正式制度测量。

在创业研究中，对制度环境的考察也主要根据上述角度，不同的是，更聚焦于有关创新和创业活动的制度环境的分析。在客观测量中，除了采用上述正式制度和非正式制度指标外，创业研究的独特之处在于采用国外的全球创业观察（Globle Entrepreneurship Monitor，GEM）框架来评价创业环境。全球创业观察是一项跨国家和地区的、旨在研究全球创业活动态势的研究项目，其中创业环境是该项目重点报告和分析的内容。GEM 报告对影响创新和创业活动的创业环境要素进行了一个较明确的划定，主要从其政府政策、金融支持、教育与培训、政府项目支持、商务环境、研究技术转移、有形基础设施、知识产权保护、市场开放程度和行业进入壁垒、文化与社会规范等十个方面进行评估。

除了用客观数据度量制度环境外，布塞尼茨等（Busenitz et al.，2000）根据斯科特（Scott，1995）和科斯托娃（Kostova，1997）的制度架构开发了一种包括规制、认知、规范三个维度的解释创业环境的"国家制度框架"。规制维度包括促进和限制创业行为的法律、规定和政府政策等方面；认知维度与人们的创业知识、技能和信息的获取有关；而规范维度反映社会对创业者和创业活动的尊重程度，与价值观、社会规范有关。为了了解规制、认知和规范三个维度在不同国家是如何决定创业水平的，他们对美国西南部一所商学院的六个国家的数百名学生进行了问卷研究，最终得出了一个包含 13 个问题的三维创业环境量表。马诺洛娃等（Manolova et al.，2008）证实了布塞尼茨等（Busenitz et al.，2000）所提出的创业制度框架量表在东欧等新兴经济中同样适用。国内学者蒋春燕和赵曙明（2010）、王德才和赵曙明（2013）等验证了该量表在中国情境下的有效性。

中国的转型经济情境使得企业面临政治、经济和文化等制度内容的改变，企业家精神的产生和发挥受到独特的制度环境的影响。虽然社会主义市场经济体制在不断完善，但中国的制度转型具有较强的地域性特征，各地区的制度质量存在显著差异，非正式制度的转变存在滞后效应，并且实施机制的结构和效率也造成了制度环境的差异性。同时，企业对其所处的制度环境存在不同的认知。综合考虑，本书将采用主观测量法，借鉴布塞尼茨等（Busenitz et al.，2000）的创业制度环境量表和通过高层管理者的感知和评价来衡量制度环境。

2.2.3 制度环境与创新绩效关系研究

有关创新的制度性分析可以追溯到鲍莫尔（Baumol，1990）的企业家才能配置模型：制度质量决定了企业家在生产性活动与非生产性活动中的配置从而影响经济增长。由此制度作为创新的重要影响因素开始引起学者们的重视。总结已有文献，根据创新的研究内容不同，关于制度和创新的研究包括两类：制度对创新行为或过程的影响、制度对创新结果的影响。实际上，由于创新行为/过程和结果的必然联系，以及许多研究将两个概念多有重叠，这两个方面并没有清晰地划分。本书侧重于分析创新的结果，即创新绩效，因此主要总结了制度环境与创新绩效的关系研究，具体如表 2.3 所示。

表 2.3 制度环境与创新绩效关系研究

文献	调节变量	中介变量	结论
Yi et al. (2012)	—	战略控制、财务控制	制度环境不确定性对激进式创新有显著的正向作用
Kang & Park (2012)	—	企业间合作	政府研发支持直接或间接影响创新绩效
Berrone et al. (2013)	企业过去绩效与行业标准的差距、组织冗余、资产专用性	—	环境管制、规范压力对环境创新绩效有正向影响，绩效差距、资产专用性均起正向调节，组织冗余对前者起负向调节，对后者起正向调节
Shinkle & Mccann (2014)	是否为转型国家	—	在转型国家，制度发展对新产品开发的正向作用越弱
Kwan & Chiu (2015)	人力资本	—	制度支持对知识影响和知识扩散有正向影响，人力资本正向调节制度支持与知识扩散的关系
Wang et al. (2015)	制度环境、企业制度因素	—	制度环境正向调节企业集体与创新绩效的关系
马富萍和茶娜 (2012)	制度环境（市场化水平）	—	激励性环境规制和自愿性环境规制正向影响技术创新经济绩效和生态绩效，市场化水平起正向调节作用
李玲和陶厚永 (2012)	—	内部驱动力	制度环境对创新绩效有显著的正向影响，内部驱动力起中介作用

续表

文献	调节变量	中介变量	结论
陈寒松等 （2014）	—	机会创新性	制度环境对创新绩效有显著的正向影响，机会创新性起中介作用
高照军和武常歧 （2014）	—	—	企业追求规范、强制、模拟合法性对创新绩效有显著的正向影响
马卫红 （2015）	—	—	产权结构正向影响创新产出，而知识产权保护程度无显著影响
张峰和王睿 （2016）	政府管制	—	政府管制对创新效果具有负向影响
赵振 （2016）	网络化程度	—	关系治理和契约治理结构与开放式创新绩效成倒 U 形关系，网络化程度起调节影响

资料来源：笔者整理。

总体看来，制度环境与创新绩效的关系研究可以划分为两类：一类是从经济学的角度分析相关制度因素对企业创新投入和创新产出的影响（Gittelman，2006；Kang & Park，2012；Shinkle & Mccann，2014；Kwan & Chiu，2015；李玲和陶厚永，2012；张峰和王睿，2016），另一类是从合法性的角度试图说明创新活动的合法性要求对创新绩效的重要性（Berrone et al.，2013；陈寒松等，2014；高照军和武常歧，2014）。

在第一种研究中，吉特尔曼（Gittelman，2006）通过一项美国和法国的生物科技企业的对比研究探讨了国家制度、知识流动和创新绩效的关系。该研究指出，国家间和一个国家内部，制度环境并不是一个整体或者同一的状态，而企业的创新行为和产出都会受到不同制度逻辑的影响。辛克尔和麦卡恩（Shinkle & Mccann，2014）认为，一个高水平的制度发展环境是以利益驱动的激励结构、健全的产权保护和法律法规为特点的，而这样的制度环境会促进新产品的开发，进而提高企业的利润。同时，制度开发与新产品利润的关系受到转型经济情境的调节。相对于非转型经济，转型经济中的制度开发对新产品利润的正向影响会减弱。李玲和陶厚永（2012）通过对 359 家中国深市上市企业在 2008～2010 年的数据进行分析，结果表明，制度环境显著地正向影响企业的创新绩效，内部驱动力在其中起到了中介作用。

在影响创新绩效的各种制度要素中，一个重要的方面是考察政府的角色。康和帕克（Kang & Park，2012）分析了企业间合作以及政府研发支持对创新产出的直接和间接影响。该研究通过对韩国中小型生物技术企业的调查研究发现，政府通过项目集资直接和通过刺激企业内部研发投资、国内上下游合作间接影响了企业的创新，因而政府对研发的支持政策对创新绩效有重要的作用。张兆国等（2024）认为，营商环境能够提高创业活跃度和企业高质量发展，政府需要不断改善营商环境，建立起在资源配置中更好发挥市场决定性作用和政府调控作用的制度环境，包括政务环境、市场环境、法治环境和对外开放环境等。

由于创新绩效的广泛含义，制度环境所涉及的创新结果包含多种形式。除了上述研究中所提到的新产品绩效、研发绩效等，关和邱（Kwan & Chiu，2015）从知识的视角将创新产出看作是包括知识创造、知识影响和知识扩散的多维构念。保护言论自由和创新者知识产权的民主的法律和政治制度能够培育广义的信任、网络关系、知识分享和交换，从而导致更高的数量和质量的创新产出。该研究从此角度对 120 个经济体展开了调查，实证表明制度支持对创新产出有显著的积极影响。马富萍和茶娜（2012）以资源型企业为样本分析了环境规制对企业技术创新绩效的影响。根据资源型企业的特点，该研究将技术创新绩效分为技术创新经济绩效和生态绩效两个维度。最终发现，环境规制对技术创新经济绩效和生态绩效均有显著的正向作用，同时，市场化水平增强了这种正向作用。

在第二种研究中，贝罗内等（Berrone et al.，2013）在环境议题中讨论了环境管制和规范压力对企业的环境创新和绩效的影响。该研究对美国 326 家污染行业的企业所申请的与环境相关的专利数量进行统计分析，结果表明制度压力可以触发创新，特别是对于那些在污染方面有严重缺陷的企业。而且，研究还发现，当资产专用性高时，资源的可用性依赖于制度压力的类型。

陈寒松等（2014）从合法性的角度探讨了制度环境对创新绩效的影响，一个鼓励创业和创新的制度环境能够促进企业积极开展创新活动。该研究根据制度环境的三维模型，细化了规制、规范、认知性制度要素对新创企业创新绩效的合法性影响，在对 109 个样本企业数据进行分析后，结果支持了研究假设的正向效应，同时证实了机会创新性在制度环境与创新绩效之间的中介作用。高照军和武常岐（2014）认为，企业的创新绩效是企业内部和外部制度环境及其耦合机制综合作用的结果。该研究从制度合法性的视角分析了国家高新技术产业区内企业的创新表现，分别从内部制度环境、外部制度环境及其耦合机制三个方面检测了与创新绩效的关系。结果发现，在企业内部和外部制度压力下，企业追求"合法性"的行为有利于企业创新绩效的提高，然而内外部制度环境的耦合机制的作用并不显著。

从以上研究中可以发现，既有研究证实了制度环境对创新绩效的直接作用，也有研究探讨了影响二者关系的中介作用和调节作用，例如，机会创新性、企业间合作、内部驱动力、战略控制等中介变量，组织冗余、人力资本、网络化程度等调节变量。然而，这些问题的探索仍处于初步阶段，作用路径并不很清晰，并且变量的解释能力有限，所取得的结论也需要进一步验证。

总之，尽管制度对创新绩效的作用已经得到广泛的共识，但是目前仍存在两个问题尚未得到解决。第一，制度是通过何种方式和渠道影响创新绩效的，即制度影响创新绩效的中间机制是什么？会受到什么因素的影响？特别是对于中国转型经济下的企业而言，复杂的制度情境对企业创新绩效的影响有何特点？第二，作为一个含义比较宽泛的构念，制度作用于创新绩效的载体是什么，即何种制度要素在提升创新绩效中扮演着何种角色？为此，本书尝试对这两个问题进行有限的探索，将制度环境细分为规制、规范和认知三种要素并聚焦于创业制度环境，同时引入公司企业家精神作为中介变量和企业家特质作为调节变量，以检验中国情境下的制度环境对创新绩效的作用机制。

2.2.4 小结

制度有着广泛的含义和不同的用法，不同的学科和领域对制度的解释和分析有很多差异。本研究主要借鉴经济学和社会学的理论观点，总结了战略管理领域的制度讨论，特别是制度与创新的关系。总体来说，制度环境就是一个国家或地区的经济、政治、社会制度发展的情况，而制度环境的质量决定着经济的发达程度和增长。在战略理论中，制度理论逐渐成为解释企业战略和绩效的重要理论基础，与产业基础论和资源基础论并列为三大支柱理论。

战略管理研究对制度的理解主要基于两个视角：一是以诺斯为代表的新制度经济学视角；二是以斯科特为代表的组织社会学的新制度主义。诺斯（North，1990）将制度看作为生产、交换和分配等经济活动创造基础的游戏规则，可以划分为正式制度和非正式制度。斯科特（Scott，1995）认为制度是社会中指导、支持或限制商业活动的稳定的规则、社会规范和认知结构，包括规制、规范和认知三个维度。本书将借鉴规制、规范和认知三个维度来理解创业制度环境。

制度的测量是战略管理研究的一大难题。大多数研究采用代理指标来解决这一问题，然而这些指标基本是采用客观测量，所反映的制度内容是宏观层次的国家或地区的竞争力。另一种解决办法是利用管理者对制度环境的感知进行主观测量，主要是以规制、规范和认知三个维度作为模板。由于该方法可以从微观层面来解释企业的战略行为，而逐渐得到更多的应用。

制度环境对创新的重要性已经得到广泛的共识，特别是成为转型经济研究的热点问题。然而直接检测制度环境与创新绩效关系的研究不多，而原因可能在于已有研究将创新行为/过程和绩效未作明确的区分。并且，现有研究尚未深入讨论制度影响创新的作用机制问题，对中介变量和调节变量的研究有限。本书以此为研究的出发点，引入公司企业家精神和企业家特质来试图解释内部机理。因此，下文将对公司企业家精神和企业家特质进行总结与评述。

2.3 公司企业家精神

熊彼特指出，企业家精神（entrepreneurship）是创造性破坏的过程，企业家通过不断地开发新产品或者新方法等创新活动来促进经济增长。目前，企业家精神研究的焦点开始从企业家个体层面转向企业层面，从而使公司企业家精神在战略管理理论与创业学理论的交叉和融合中产生，成为一个新兴理论分支。本节将总结和评述公司企业家精神的发展历程、概念和测量，以及制度环境和创新绩效的相关研究。

2.3.1 公司企业家精神的概念

对于企业层面的企业家精神和创业现象，已有文献采用了不同的术语进行研究，包括公司企业家精神、公司创业精神、公司创业、创业导向、创业姿态、创业战略制定、内企业家精神等。而即使采用同一术语，其定义也未实现统一。尽管术语和定义不同，但是大部分都是在米勒（Miller，1983）的研究基础上继续沿用或者拓展，都是将创新视为企业家精神的本质。对于"corporate entrepreneurship"一词，目前国内学者主要翻译成"公司创业"或者"公司企业家精神"。根据戴维森（Davidsson，2003）、时鹏程和许磊（2006）对"entrepreneurship"的辨析，"企业家精神"比"创业"更能体现已建企业自身变革的意义，因此，本书采用"公司企业家精神"这一术语来表述企业层面的企业家精神和创业现象。

公司企业家精神概念的正式提出要追溯到 20 世纪 80 年代米勒（Miller，1983）对保守型企业和创业型企业的分析。他认为，创业型企业积极地开展创新活动，而保守型企业通常是风险规避的，缺乏创新意识并采取等待和观望的策略。任何企业均处于"创业型–保守型"这一持续体中，而公司企业家精神的强度反映了企业在当中的位置。到了 20 世纪 90 年代，公司企业家精神被视为增强企业创新能力和为企业注入新活力的手段，并且其内容和维度更加的细化和全面。古斯和金斯伯格（Guth & Ginsberg, 1990）认为公司企业家精神主要包括两种现象：新业务创造和战略更新。科文和斯莱文（Covin & Slevin, 1991）认为企业的创业姿态体现在创新性、风险承担和先动性方面。扎赫拉（Zahra, 1995）、沙玛和克里斯曼（Sharma & Chrisman, 1999）将公司企业家精神归纳为创新、风险投资和更新三个维度。

进入 21 世纪以来，公司企业家精神的概念逐渐成形。如今的研究更多地把公司企业家精神与企业获取竞争优势联系起来。经济全球化和技术快速变革的环境下，公司企业家精神被看作是企业获取高水平绩效最为有效的方法和提高各个层次表现的合法路径（Morris et al., 2011）。艾尔兰等（Ireland et al., 2009）认为公司企业家精神不再是自发的创业活动，而是有目的的整体定位和战略决策，公司企业家精神战略是以愿景为导向的，整个组织所依赖的创业行为，而这些创业行为通过识别和利用创业机会来进行有目的的和持续地更新组织和界定业务范围。尤和刘（Yiu & Lau, 2008）在分析新兴经济体中的企业成长问题时指出，公司企业家精神是一种资源配置机制，通过各种创新流程能够有效地将企业的资源转化为高水平的绩效。创新是企业持续获取竞争优势的核心，而公司企业家精神则是实现企业创新和价值提升的重要战略过程。

总结已有研究，公司企业家精神尚未形成统一的定义，而最重要的歧义或者对公司企业家精神的界定主要包括两种观点：一是将公司企业家精神定义为一种战略导向或者战略选择，即企业从事创新创业活动的强度或倾向；二是将公司企业家精神定义为具体的创业活动或者过程，是企业为新进入而采取的一系列行为。在第一种观点中，科文和斯莱文（Covin & Slevin, 1989）将公司企业家精神定义为企业的整体竞争导向，而创业或保守导向反映的是企业的战略姿态，并通过创新、风险承担和超前行动三个维度所体现出来。创业战略姿态实际上是企业的一种战略取向，是企业家精神在整个企业的渗透（Covin & Slevin, 1991）。扎赫拉和皮尔斯（Zahra & Pearce, 1994）认为，公司企业家精神是企业为不断满足顾客需求和增强竞争能力而采取的动态竞争战略，是战略革新和更新组织的有效工具。兰普金和德丝（Lumpkin & Dess，1996）将创业导向定义为导致新进入的过程、实践与决策制定活动，而公司企业家精神的内容和实质就是公司的创业导向定位。艾尔兰等（Ireland et al.，2009）明确定义了公司创业战略的概念，并指出公司创业战略包括三种元素：创业战略愿景、创业组织结构和创新过程和行为。在第二种观点中，代表学者有伯格曼（Burgelman，1983）、古斯和金斯伯格（Guth & Ginsberg，1990）、沙玛和克里斯曼（Sharma & Chrisman，1999）、扎赫拉（Zahra，1993，1995，1996）、莫里斯等（Morris et al.，2011）、库拉特科和奥德斯（Kuratko & Audretsch，2013）等。其中，古斯和金斯伯格（Guth & Ginsberg，1990）、扎赫拉（Zahra，1993）认为公司企业家精神包括两种现象或行为：创新和风险投资、战略更新。沙玛和克里斯曼（Sharma & Chrisman，1999）、扎赫拉（Zahra，1995，1996）将公司企业家精神定义为包括创新、风险投资活动和战略更新三个维度的总和。莫里斯等（Morris et al.，2011）、库拉特科和奥德斯（Kuratko & Audretsch，2013）则进一步将公司企业家精神划分为公司冒险活动和战略创业两类。

从公司企业家精神的起源来看，公司企业家精神的概念是战略管理理论和创业理论相结合的产物。战略管理理论的核心是绩效，创业理论的核心是创造，公司企业家精神则是企业意图通过创新和创业活动来提高绩效水平和赢得竞争优势。公司企业家精神逐渐被认为是企业的一种战略选择，是企业追求因外部环境的触发而需要的改变和战略适应（Kuratko et al.，2001；蒋春燕和赵曙明，2006；孙秀丽和蒋春燕，2011；Crawford & Kreiser，2015；Kuratko et al.，2015）。公司企业家精神战略是一系列围绕创业行为和过程的承诺和行动，以开发现有的和未来的竞争优势。利用公司企业家精神作为战略适应的主要工具的这一选择意味着企业主要通过持续的创新和创业行为来寻求竞争优势。公司企业家精神战略是追求机会和增长的基本导向，存在于整个组织中，并定义了企业的本质功能。根据明茨伯格（Mintzberg，1987）的战略视角观，公司企业家精神是一个共享的观念，更多的是对行动和反应方式的承诺，而不是企业在外部环境中的具体位置。这样，公司企业家精神不是存在于组织的某个层次或者位置，而是体现在整个组织中，是作为核心的一部分根深蒂固并维持下去。

因此，根据米勒（Miller，1983）、科文和斯莱文（Covin & Slevin，1989，1991）、艾尔兰等（Ireland et al.，2009）、蒋春燕和赵曙明（2006）的定义，本书从战略角度来定义公司企业家精神，认为公司企业家精神是企业为了适应环境变化，以创新为核心，通过创造性地整合资源而获取竞争优势的战略选择。作为一种实现新进入的战略过程，公司企业家精神既是通过创新和冒险来实现不断成长的战略理念，也体现为实际的创业和创新活动。

2.3.2　公司企业家精神的测量

由于学术界对公司企业家精神的概念尚未形成统一的认识，因此其测量方法也不尽相同。现有文献对公司层面的企业家精神的测量包括客观测量和主观测量两种方式，而就公司企业家精神这一构念来说，多数研究采用主观评价法来进行操作化定义。总结起来主要包括三种测量工具，它们是：创业导向、创业活动、公司创业评估工具。这三种测量工具是根据公司企业家精神的不同含义和视角为出发点而开发的，具体如表2.4所示。

表2.4　　　　　　　　　　　公司企业家精神的测量

视角	类型	维度内容	代表学者
战略导向	两维度	创新性、先动性	Knight（1997）；Wang & Gao（2006）；Kakapour et al.（2016）
	三维度	创新性、风险承担性、先动性	Miller（1983）；Covin & Slevin（1989，1991）；Li et al.（2005）；Kim et al.（2012）；Bakar et al.（2016）
	五维度	创新性、风险承担性、先动性、自治性、竞争侵略性	Lumpkin & Dess（1996）；Bleeker（2011）；Joshi（2016）

续表

视角	类型	维度内容	代表学者
活动/过程	两维度	创新和风险投资、战略更新	Guth & Ginsberg（1990）；Zahra（1993）
	三维度	创新、风险投资、战略更新	Sharma & Chrisman（1999）；Zahra（1995，1996）；Heavey et al.（2009）；Yiu et al.（2007）；Simsek & Heavey（2011）；Kearney et al.（2013）
	四维度	新业务、创新性、自我更新、先动性	Antoncic & Hisrich（2001）；Armesh et al.（2014）；García-Morales et al.（2014）；Martín-Rojas et al.（2016）
		产品或流程创新、组织创新、国内风险投资、国外风险投资	Yiu & Lau（2008）
	五维度	产品创新、流程创新、组织创新、国内风险投资、国外风险投资	Zahra et al.（2000）
环境评估	CEAI	管理层支持、工作自主权、报酬制度、时间可用性、组织边界	Hornsby（2002）；Goodale et al.（2011）；Hornsby et al.（2013）；何洁芳（2014）；Kuratko et al.（2014）

资料来源：笔者整理。

第一，公司企业家精神的概念界定主要存在两种观点，战略导向或者实际的创业行为。对于战略导向这一观点，公司企业家精神被认为是企业的一种有关创新或创业的战略选择或者战略倾向。米勒（Miller，1983）将企业家精神的研究从个体层次转移到企业层次，并指出创业型企业应该包含创新性、冒险性和先动性的特征。科文和斯莱文（Covin & Slevin，1991）在米勒（Miller，1983）的基础上开发和改进的量表是目前涉及创新性、风险承担性和先动性三个维度的最成熟和应用最广泛的量表。奈特（Knight，1997）开发了包括创新性和先动性两个维度的"ENTRESCALE"量表，该量表适用于跨文化研究。李等（Li et al.，2005）基于米勒（Miller，1983）、科文和斯莱文（Covin & Slevin，1991）的研究，设计了包含三个维度的创业战略制定量表，并在中国情境下得到了很好的适用。伦普金和德丝（Lumpkin & Dess，1996）在米勒（Miller，1983）的基础上，增加了竞争侵略性和自治性两个维度。不同的是，他们认为这五个维度是独立变化的，并非是一个整体（Covin & Wales，2012）。目前，公司企业家精神的战略导向视角基本是参考米勒（Miller，1983）、科文和斯莱文（Covin & Slevin，1991）的三维度观以及伦普金和德丝（Lumpkin & Dess，1996）的五维度观两种观点。

第二，作为实际的创业行为或者过程，公司企业家精神的测量经历了从单维向多维的转变（魏江等，2011）。目前，尽管许多学者对维度的划分有差异，但将公司企业家精神视为多维构念已经得到共识。古斯和金斯伯格（Guth & Ginsberg，1990）、扎赫拉（Zahra，1993）将公司企业家精神划分为两种维度：创新和风险投资、战略更新。而沙玛和克里斯曼（Sharma & Chrisman，1999）、扎赫拉（Zahra，1995，1996）将创新和风险投资区分开来，包括创新、风险投资和战略更新三个维度。扎赫拉等（Zahra et al.，2000）将创新和风险投资进一步细化，并认为战略更新是组织更新的一种，从而提出了包括产品创新、组织创新、流程创新、国内风险投资和国外风险投资的五维度构念。尤和刘（Yiu & Lau，2008）对扎赫拉等（Zahra et al.，2000）的量表在中国转型经济下进行了检验，最后形成了产品和流程创新、组织创新、国内风险投资和国外风险投资的四维度构念。安东西奇和海斯里奇（Antoncic & Hisrich，2001）将公司企业家精神划分为四个维度：新业务、创新性、自我更新和先动性。实际上，该维度的划分包含了活动和导向两个方面。该研究认为，公司企业家精神是现有企业中（无论规模大小）导致新业务产生和其他创新活动和导向的过程。可以看出，对公司企业家精神活动的测量有很多，而借鉴最为广泛的是扎赫拉（Zahra，1996）、安东西奇和海斯里奇（Antoncic & Hisrich，2001）的量表（Simsek & Heavey，2011；Armesh et al.，2014；Martín-Rojas et al.，2016）。

第三，除了上述两种直接测量公司企业精神的行为和态度以外，有的学者通过对公司创业环境的评估来间接衡量公司企业家精神。早期的公司创业环境工具（corporate entrepreneurship climate instrument，CECI）最初由库拉特科等（Kuratkol et al.，1990）提出，通过评价企业的现状，最高管理层能识别出哪些组织系统和结构与更高的创业热情不协调甚至阻碍，以及需要注意和改进的方面。霍恩斯比等（Hornsby et al.，2002）利用中层管理者对企业内部环境的感知开发了公司创业评估工具（Corporate Entrepreneurship Assessment Instrument，CEAI）。CEAI 涵盖了影响中层管理者的创新和创业活动的内部因素，包括管理层支持、工作自主权、报酬制度、时间可用性和组织边界。CEAI 既可以用来描述企业在上述五个维度和环境变量的概貌，也可以从侧面反映企业的公司企业家精神水平。学者古德尔等（Goodale et al.，2011）、霍恩斯比等（Hornsby et al.，2013）、何洁芳（2014）、库拉特科等（Kuratko et al.，2014）利用此量表检验了公司企业家精神的前因变量——内部环境与绩效的影响。

可以看出，现有研究对公司企业家精神的测量种类多样，总体上讲上述三种方式最为普遍应用。实际上，第一种和第二种测量方式侧重于询问公司企业家精神是什么，而第三种测量方式倾向于分析公司企业家精神的内部影响因素以及如何做的问题。学者们多根据自身的研究内容和设计选择测量方式和量表，但基本是以上述三种作为参考的基础，并且倾向于从多维的角度进行操作化定义。

在本书中，公司企业家精神被定义为企业为了适应环境变化而进行的以创新为核心，通过创造性地整合资源而获取竞争优势的战略制定过程，实际上反映的是企业从事创新和创业活动的战略选择和倾向，因此本书采用第一类测量方式。并且，本书将公司企业家精神看作是一个整体的构念，各个维度之间不是独立变化的，于是借鉴科文和斯莱文（Covin & Slevin，1991）、李等（Li et al.，2005）的量表，从创新性、风险承担性和先动性三个维度来考察公司企业家精神。

2.3.3　公司企业家精神的前因——制度环境

公司企业家精神的前因研究主要包括三种观点：个体因素、组织因素、环境因素。个体因素集中于讨论高管、CEO 或企业家的特质、能力、领导风格，以及高管团队的特征（Ling et al.，2008；Wales et al.，2013；Wei &

Ling，2015；蒋春燕，2011）。组织因素涉及组织结构、文化、资源/能力、战略、公司治理等内容（Fayolle et al.，2010；Yiu & Lau，2008；Zahra et al.，2000；Eddleston et al.，2012）。环境因素主要包括任务环境和制度环境两类（Zahra et al.，2001；Gómez-Haro et al.，2011），任务环境是指市场和技术环境的动态性和复杂性，而制度环境是企业创新创业活动所需要遵守的正式制度和非正式制度。

自鲍莫尔（Baumol，1990）揭示了制度质量决定企业家精神的触发机制后，越来越多的创业研究关注企业的制度环境（Busenitz et al.，2000；Gómez-Haro et al.，2011）。制度环境是组织为了获取合法性和外界支持而必须遵守的规则，直接决定了企业在建立和运用战略时所有可能的行动（Peng，2003）。制度通过为创业活动提供合法性、分配激励机制和资源而显著地影响企业的创业活动和行为（Lu et al.，2008）。国内外大量研究表明，制度环境对公司企业家精神具有重要影响（Busenitz et al.，2000；Ahlstrom & Bruton，2002）。研究包括两类：一是基于全球创业观察（GEM）的制度架构或创业制度环境量表来探索不同国家和地区的整体创业环境的差异（Aidis et al.，2008；Busenitz et al.，2000；Manolova et al.，2008；蒋春燕和赵曙明，2010），间接表明制度环境对公司企业家精神的影响；二是研究制度环境与公司企业家精神的关系（Judge et al.，2015；Gómez-Haro et al.，2011；王德才和赵曙明，2013），直接检验制度环境作为前因变量对公司企业家精神的作用。本节总结了关于制度环境与公司企业家精神关系的代表性实证研究，具体如表2.5所示。

表2.5　　　　　　　　　　制度环境与公司企业家精神关系研究

文献	自变量	因变量	调节/中介变量	结论
Morris et al.（1994）	个人主义/集体主义	公司企业家精神		个人主义/集体主义的平衡对公司企业家精神具有正向影响
Tan（1996）	管制环境	战略导向		管制的敌对性、动态性和复杂性促进了创业导向战略选择

续表

文献	自变量	因变量	调节/中介变量	结论
Doh & Pearce (2004)	政策不确定性	创业战略		当政策不确定性低时，抢先战略最有效
Li et al. (2008)	治理激励机制	技术商业化	中介：创业导向 调节：技术动荡性	CEO 所有权正向影响创业导向，CEO 更替频率与创业导向呈倒 U 形关系
Dickson & Weaver (2008)	制度环境	创业导向		集体主义、不确定性规避负向影响创业导向，对环境丰富性、风险和不确定性、技术不确定性的感知正向影响创业导向，民法体系与普通法系对创业导向的影响没有显著差异
Gómez-Haro et al. (2011)	制度环境	公司企业家精神活动	中介：创业导向	规范和认知正向影响创业导向，规制正向影响公司企业家精神活动
Li & Zahra (2012)	正式制度	风险投资活动	调节：文化	正式制度正向影响风险投资活动，不确定性规避和集体主义起负向调节作用
Judge et al. (2015)	东道国制度环境	技术企业家精神		资本自由度负向、教育和培训系统正向、法律和管制系统正向、信任和权威系统负向影响技术企业家精神
Bruton et al. (2014)	制度开发文化	战略导向		保守型文化不鼓励新产品创新，好的制度发展的国家更倾向效率和市场导向
Holmes et al. (2015)	技术政策	公司创业战略		不同水平的政府研究资金、知识产权保护组成四个象限，对公司创业战略的影响不同
Dai et al. (2015)	金融市场化	公司风险活动	调节：政治关系、组织冗余	金融市场化正向影响公司风险活动，政治关系的调节作用不显著，组织冗余起负向调节作用
王德才和赵曙明 (2013)	创业制度	公司企业家精神	调节：环境不确定性	创业制度正向影响公司企业家精神，环境不确定性起正向调节作用

续表

文献	自变量	因变量	调节/中介变量	结论
刘伟等 （2014a）	制度环境	创业导向		政府干预正向、地区投资者保护正向影响创业导向，金融发展对创业导向的作用不显著
刘伟等 （2014b）	制度环境	创业导向 战略并购		适当政府干预与完善的法律环境能够促进创业导向战略并购
赵兴庐等 （2014）	市场化程度 感知	企业创新 精神	调节：产权制度	市场化进程正向影响企业创新精神，国有产权制度起负向调节作用
邵传林 （2015）	制度环境	企业家创新 精神		地区制度环境正向影响企业家创新精神，民营企业比国有企业的创新精神更强
孙秀丽等 （2016）	制度支持	企业绩效	调节：不正当竞争、技术能力 中介：公司企业家精神	制度支持正向影响公司企业家精神，不正当竞争起负向调节作用、技术能力起正向调节作用
程俊杰 （2016）	制度变迁	企业家精神		市场化指数/城市化水平正向影响、政府财政支出/GDP负向影响企业家精神，金融发展、开放程度影响不显著
Manolova et al. （2008）	检测保加利亚、拉脱维亚、匈牙利三个国家制度情境的差异，以及哪个情境更有利于企业家精神的发展			三个国家在规制、认知和规范环境上有显著的差异，拉脱维亚最有助于企业家精神，随后是保加利亚和匈牙利
Aidis et al. （2008）	比较俄罗斯与其他全球创业观察（GEM）国家特别是巴西和波兰的创业制度环境			俄罗斯较弱的制度环境造成了企业家精神水平低下
王飞绒和池仁勇 （2005）	比较发展中国家和发达国家的创业环境的差异			发展中国家比发达国家在资金供给、创业政策系统性、技术化、人才、失败容忍度方面都有很大差距
蒋春燕和赵曙明 （2010）	比较十五个高新区制度环境的差异			十五个高新区整体上有利于公司企业家精神，其中，总制度环境和认知环境维度有显著差异，规制和规范没有显著差异

资料来源：笔者整理。

在第一类研究中，一些研究借用 GEM 的研究模型或者正式制度指标对比了不同国家或地区的创业环境差异。爱迪思等（Aidis et al., 2008）采用比较视野检验了俄罗斯与 GEM 框架中涉及的国家特别是巴西和波兰有关企业家精神的制度环境，结果表明，正是由于俄罗斯的较弱的制度环境，其企业家精神的发展水平较低。王飞绒和池仁勇（2005）根据 GEM 框架从经济条件、技术条件、政策支持等方面对发展中国家和发达国家的创业环境进行了对比，发现发展中国家的创业制度环境与发达国家有很大的差距。另一些研究采用量表的形式来主观测量制度环境。马诺洛娃等（Manolova et al., 2008）从规制、规范和认知三个维度对比并发现了保加利亚、匈牙利和拉脱维亚三个新兴国家的公司企业家精神制度环境存在显著的差异。国内学者蒋春燕和赵曙明（2010）基于中国情境来探讨转型经济中公司企业家精神制度环境的地区性差异。研究发现，15 个高新区之间的认知维度存在显著差异，而规制和规范维度没有显著差异。然而，上述研究只是比较了不同区域的制度环境的差异，宏观地分析了制度环境与企业家精神水平的关系，间接表明了公司企业家精神的差异源于制度质量的高低，并没有直接讨论何种制度要素是否及如何对公司企业家精神产生影响。

在第二类研究中，根据制度的不同视角，检验制度环境对公司企业家精神的影响的研究可以划分为两个方面：一是探讨不同的制度内容，正式制度和非正式制度，或者规制、规范和认知等如何影响公司企业家精神；二是从制度环境的特征出发，分析制度环境的变化是否对公司企业家精神产生影响，例如，动态性、敌对性和复杂性等。

首先，制度是一个内容广泛的概念，现有研究对影响企业家精神发展的各种正式和非正式制度要素展开了讨论。贾奇等（Judge et al., 2015）实证证明，母国的教育和培训系统、法律和管制系统对技术企业家精神起显著的积极影响，而对资本自由度和信任权威系统产生消极影响。奥蒂奥（Autio, 2013）从文化的角度，对 42 个国家在 2005～2008 年的创业行为进行了分析。研究发现集体主义实践负向影响创业进入，但正向影响创业增长激励；不确定规避负向影响创业进入，而对创业增长激励没有显著影响。戈麦斯－哈罗等（Gómez-Haro et al.，2011）以150家西班牙企业为样本，从制度环境的规制、认知和规范3个维度进行分析。结果发现，规范和认知维度对企业家精神导向有积极作用，而规制维度会影响公司企业家精神活动的类型，包括战略更新和新业务创造。

其次，不仅是制度的具体要素会刺激或者限制企业家精神的发展，制度的变化特征也会影响企业的创业战略决策。谭（Tan，1996）以中国私营企业为情境，检测了规制/政治环境的特征与战略导向的关系，发现企业所感知的规制环境的敌对性、动态性和复杂性导致了具有创新性、风险承担和先动性的创业导向战略的选择。多赫和皮尔斯（Doh & Pearce，2004）分析了政策不确定性对企业创业战略选择的影响。该研究认为：当政策不确定性低时，抢先型战略最有效；当政策不确定性温和/中等，同时可清晰识别替换路径以及最后进入成本高时，继续已选择的战略最有效；当政策不确定性温和/中等，同时可识别一系列路径以及第二波进入成本低时，同步战略最有效；当政策不确定性高时，适应型战略最有效。

总体而言，目前国内外学者提出的一些可能影响公司企业家精神的制度因素，大都基于全球创业观察（GEM）的制度架构、正式制度指标或者文化。这些研究只是选取了制度的某一方面，例如，经济自由度、市场化指数、制度发展指数、法律系统、集体主义等。这种制度测量方式相对来说比较宏观，选择的是跨国家或地区的样本和数据，而忽视了制度在约束过程中的微观差异，以及企业对制度的感知和评价的差异。实际上，企业所处的和所感知的制度环境是有区别的，因而公司企业家精神战略的选择和程度各有不同。然而，对于微观层次的企业所感知的制度环境与企业家精神关系的研究非常有限。

虽然制度环境对公司企业家精神的重要性已经得到共识，但是关于二者关系的研究并未形成完全一致的结论。大多数研究根据交易成本理论、合法性等角度提出了市场化的制度环境正向影响公司企业家精神的假设，然而有些假设并未得到支持。布鲁顿等（Bruton et al.，2014）采用制度发展指数衡量制度环境，发现好的制度发展国家更倾向于效率和市场导向。霍姆斯等

（Holmes et al.，2015）认为不同水平的政府研究资金和知识产权保护对公司创业战略的影响不同。程俊杰（2016）在分析制度变迁与企业家精神的关系时，发现金融发展和开放程度对企业家精神的影响不显著。分析其原因，一方面是由于制度环境概念本身的复杂性和各种制度指标的选取不同，另一方面则是忽略了情境因素的影响。制度环境的影响程度是多重要素的综合作用，并且企业战略的选择是外部环境和组织内部因素的共同结果。已有研究中，孙秀丽等（2016）、王德才和赵曙明（2013）、李和扎赫拉（Li & Zahra，2012）研究进行了初步探索，但是基本是从环境的角度切入，缺乏对组织因素的讨论。

总之，尽管企业家精神的发展需要高度重视制度环境因素，但是制度如何作用于公司企业家精神的作用机制还很模糊和缺乏讨论，或者说，对影响制度环境与公司企业家精神关系的中介变量和调节变量鲜有研究。并且，现实情况是同一制度环境下企业的战略选择却出现了差异性，特别是在中国高速增长的制度环境和高质量发展的制度环境并存的情境下，企业家精神的反应模式和战略选择会是什么？制度与战略的关系是否存在其他的影响因素？这些问题都需要进一步地探索和分析。

2.3.4 公司企业家精神的结果——创新绩效

在经济全球化和技术快速变革的背景下，公司企业家精神成为企业获取和维持竞争优势最为有效的方法（Morris et al.，2011）。学者们开始将公司企业家精神视为重要的增长战略（Goodale et al.，2011），并大量地讨论了公司企业家精神对企业经营效果的影响。公司企业家精神对企业绩效的影响包括积极影响和消极影响两类，但大多数研究都支持公司企业家精神能够提高企业的绩效水平，仅少量的研究发现了消极效果（Shimizu，2012）或者没有显著的关系（Matsuno，2002）。从绩效的测量方式来看，一些研究客观地评价绩效，包括财务绩效，如 ROA、ROS、利润率（Zahra et al.，2000）和财务增长，如销售增长和利润增长等（Salimath et al.，2008）；有的研究采用主观测量方式，包括感知的财务绩效，如相比竞争对手企业的利润（Simsek &

Heavey，2011），以及感知的非财务绩效，如产品和市场开发情况以及顾客满意度等（Benitez-Amado et al.，2010）；还有的研究则采用主观和客观相结合的方法（Ağca et al.，2012）。从绩效的类别来看，现有研究集中于财务绩效（Yin & Lau，2008）、企业绩效（Zahra & Covin，1995；Kim et al.，2012）、产品创新绩效（Chen et al.，2015）、创业绩效（郭宇红，2013）等内容的分析。其中，有关财务绩效、企业绩效（通常包括财务绩效和非财务绩效）的研究最为广泛，而关于公司企业家精神与创新绩效的关系研究相对来说比较有限。

表 2.6 总结了有关研究公司企业家精神与创新绩效关系的代表文献。从表中可以看出，已有研究对公司企业家精神与创新绩效的关系基本上形成了一致的结论，即公司企业家精神能够显著地促进企业的创新绩效水平。总体来看，公司企业家精神的正向作用包括直接作用和间接作用两类。一方面，拉森等（Lassen et al.，2006）、巴德瓦杰等（Bhardwaj et al.，2007）、哈利利等（Khalili et al.，2013）、陈等（Chen et al.，2014）、泽西尔等（Zehir et al.，2015）、单等（Shan et al.，2016）直接检验了公司企业家精神对创新绩效的影响，包括新产品创新绩效、过程绩效、创新速度、激进式创新等内容。对于创新速度而言，单等（Shan et al.，2016）发现，公司企业家精神的创新性有助于创新速度的提升，而风险承担性却不利于提高创新速度，先动性与创新速度之间呈倒 U 形关系。而其他研究均一致证实了公司企业家精神对创新绩效的正向影响。

表 2.6　　　　　　　公司企业家精神与创新绩效关系研究总结

CE 类型	文献	调节变量	中介变量	结论
战略导向	Brockman & Morgan (2003)		创新信息	企业家精神对创新信息有积极影响，而创新信息能够显著促进新产品生产率
	Lassen et al. (2006)			公司企业家精神的先动性、风险承担和竞争侵略性维度能够促进激进式创新的发展

续表

CE 类型	文献	调节变量	中介变量	结论
战略导向	Madhoushi et al. (2011)		知识管理	创业导向直接和间接地通过知识管理显著地正向影响创新绩效
	Alegre & Chiva (2013)		组织学习能力	创业导向对创新绩效有显著的正向影响，组织学习能力起部分中介作用
	Khalili et al. (2013)			创新性、风险承担性、自主性对创新绩效有积极作用
	Zehir et al. (2015)			创业导向对创新绩效有显著的正向作用
	Tang et al. (2015)	战略性人力资源管理、技术动荡性		创业导向与产品创新绩效呈正相关，当实施战略性人力资源管理程度越强时，正向关系越强。并且该交互作用在低技术动荡性环境下更强
	Shan et al. (2016)			创新性能够提升创新速度，风险承担性能够降低创新速度，而先动性与创新速度之间呈倒 U 形关系
	Gunawan et al. (2016)	风险承担	集群内、外联系	先动性对创新绩效有正向影响，风险承担正向调节集群内、外联系与创新绩效的关系
	蒋春燕和赵曙明 (2006)		组织学习	激进式公司企业家精神对新产品绩效有显著的正向影响，并且探索式学习在二者关系中起中介作用
	李雪灵等 (2011)		积极型市场导向	创新性、先动性直接地或间接地通过积极性市场导向对新企业创新绩效有显著的正向影响
	梁巧转等 (2012)	团队氛围		创业导向正向影响创新绩效，团队氛围起正向调节作用
	蔡俊亚和党兴华 (2015)	高层管理团队（TMT）异质性、TMT 共同愿景、市场动态性		创业导向正向影响创新绩效，TMT 异质性起正向调节作用，在稳定的市场环境下，TMT 异质性的调节作用增强，在动态的市场环境下，TMT 的共同愿景起正向调节作用

续表

CE 类型	文献	调节变量	中介变量	结论
活动/过程	Bhardwaj et al. (2007)			公司企业家精神对公司企业家精神过程绩效起显著正向作用
	Chen et al. (2014)			公司企业家精神对产品创新绩效有显著的正向影响
	Chen et al. (2015)	竞争程度		公司企业家精神对产品创新绩效有显著的正向影响，竞争程度的调节作用不显著
	郭宇红 (2013)		知识资本	公司企业家精神对创新绩效有正向作用，知识资本起到了中介作用
组织因素	Goodale et al. (2011)	运营控制		公司企业家精神的前因变量管理支持、组织边界对创新绩效有正向影响，风险控制对管理支持、工作自主权、时间可用性、组织边界与创新绩效的关系起调节作用，过程控制对薪酬制度、时间可用性与创新绩效的关系起调节作用
	牟新莹 (2013)		知识管理	领导支持、薪酬制度、组织文化正向影响技术创新绩效，知识管理起部分中介作用
	何洁芳 (2014)	环境不确定性		公司企业家精神能够促进新产品创新绩效，管理支持、组织边界、工作自主性正向影响新产品创新绩效，薪酬体系负向影响新产品创新绩效，环境动态性正向调节管理支持与新产品创新绩效的关系

资料来源：笔者整理。

　　另一方面，一些研究通过加入调节变量和中介变量来进一步地探讨公司企业家精神对创新绩效的作用机制。首先，二者的关系会受到情境因素的影响，包括组织因素和环境因素。在组织因素中，唐等（Tang et al.，2015）根据资源基础观中的互补视角，提出战略性人力资源管理会提升企业对创业机会的开发能力，从而增强公司企业家精神向产品创新绩效的转化。古德尔等（Goodale et al.，2011）认为，创业活动的顺利开展需要运营控制机制提供保障。通过实证分析发现，运营控制中的风险控制和过程控制在公司企业家精神的五个前因变量与创新绩效的关系中起调节作用。梁巧转等（2012）、蔡俊亚和党兴华（2015）指出，高管团队在创业导向战略的决策和实施中扮演了重要的积极的调节角色，包括高层管理团队（TMT）的异质性、共同愿景和共同氛围等。就环境因素而言，现有研究集中于环境动态性的讨论。例如，何洁芳（2014）在分析公司企业家精神的组织因素与新产品创新绩效关系时，检验并证实了环境动态性的正向调节作用。此外，唐等（Tang et al.，2015）、蔡俊亚和党兴华（2015）分析了环境动态性的三重交互作用。如上文所指，唐等（Tang et al.，2015）讨论了战略性人力资源管理的调节影响，同时指出并证明，战略性人力资源管理的正向调节作用在低技术动荡性环境下更强。其次，公司企业家精神通过多种路径间接影响创新绩效，主要包括创新信息（Brockman & Morgan，2003）、组织学习（Alegre & Chiva，2013）、知识管理（Madhoushi et al.，2011）、知识资本（郭宇红，2013）、市场导向（李雪灵等，2010）、集群联系（Gunawan et al.，2016）。尽管许多研究认为公司企业家精神对企业绩效有积极的影响，但是二者的直接关系并不是毋庸置疑的（Slater & Narver，2000），原因之一是企业绩效是由组织内部和外部多重因素决定的，这也导致了关于公司企业家精神对创新绩效的中间机制的研究出现。企业家精神会促进新知识的产生，因此知识资本、知识管理和组织学习（能力）等与知识相关的变量能够中介二者的关系（Alegre & Chiva，2013）。李雪灵等（2010）认为，创业导向反映的是企业对待创新的倾向和心智模式，必须要落实到市场导向行为中才能对创新绩效产生影响，而积极型市场导向更能促进创业导向转化成新产品创新绩效。古纳万等（Gunawan et al.，2016）认为，先动性水平较高的企业在发现新机会、参与未来开发、识别新趋势和利基市场等方面要优于竞争者，而这往往需要企业特别熟练与利用现有联系和开发新联系来获取资源和机会，因此企业所拥有的集群内外的联系是先动型企业实现创新绩效的路径。

　　按照公司企业家精神的不同内涵和测量，现有关于公司企业家精神与创新绩效的关系研究可以划分为三类。第一，公司企业家精神作为企业的一种战略选择/导向影响创新绩效。此类研究一方面多是使用创业导向一词探讨创业导向及其创新性、风险承担和先动性三个维度（Brockman & Morgan，2003；Alegre & Chiva，2013；Gunawan et al.，2016），或创新性、风险承担、先动性、竞争侵略性和自治性五个维度对创新绩效的影响（Madhoushi et al.，2011；Khalili et al.，2013；Zehir et al.，2015）。并且，这些研究都证实了公司企业家精神对创新绩效有显著的正向作用。另一方面，蒋春燕和赵曙明（2006）将公司企业家精神划分为激进式和渐进式两种，以广东和江苏676家新兴企业为实证研究对象，发现激进式公司企业家精神对新产品绩效有显著的正向影响，并且探索式学习在激进式公司企业家精神与新产品创新绩效关系中起中介作用。第二，公司企业家精神作为具体的创新创业活动影响创新绩效。巴德瓦杰等（Bhardwaj et al.，2007）从新业务、创新性、自我更新、先动性四个维度讨论了公司创业过程对创业结果的影响，指出公司创业过程对新产品、新市场和过程进步等创新绩效具有正向影响。陈等（Chen et al.，2014）将公司企业家精神定义为商业投资、新产品开发和战略更新活动的整合，认为这三个维度都会对产品创新绩效产生影响。通过对中国的制造企业进行样本分析，发现公司企业家精神能够增强新产品的创新和开发能力，并有利于产品创新绩效的提升。此外，他们还发现，CEO的变革型领导对产品创新绩效的影响是通过公司企业家精神发生作用的。在另一篇文章中，陈等（Chen et al.，2014）引入公司企业家精神作为企业信息技术（IT）能力与产品创新绩效之间关系的中介机制。实证结果表明，代表企业通过创新、更新和风险活动而利用机会和开发资源的公司企业家精神在IT能力和产品创新绩效间起到完全中介的作用。第三，通过评估组织因素来衡量公司企业家精神的水平以及对创新绩效的影响。古德尔等（Goodale et al.，2011）利用霍恩斯比（Hornsby，2002）所提出的公司创业评估工具（CEAI）实证分析了公司企业家精神的五个前因组织因素（管理支持、工作自由度/任意度、奖励/强化、时间可用性和组织界限）对创新绩效的影响。最后结果发现只有管理支持和组织边界对创新绩效有显著的积极作用。借鉴此观点，国内学者何洁芳（2014）聚焦于转型经济时期的中国企业，试图探索影响公司企业家精神的五个组织因素与新产品创新绩效的关系在中国情境下有何表现。在对包括安徽和浙江 225 家高新技术企业进行分析后，结果发现管理支持、工作自由度、组织界限对新产品创新绩效有显著的正向作用，但是奖励/薪酬制度负向影响新产品创新绩效，而时间可用性无显著作用。总体来说，该研究表明以创新为本质的公司企业家精神能够提高创新绩效。

总之，已有实证研究表明，公司企业家精神能够显著促进企业的创新绩效。尽管对公司企业家精神结果的研究仍以企业绩效为主，对创新绩效的探索有限，然而公司企业家精神作为创新绩效的重要前因变量正在得到共识。创新是公司企业家精神的本质，公司企业家精神是实现创新的工具和过程，以不断开发机会实现创新的公司企业家精神必然会关系到企业的创新绩效水平。现有文献直接或者间接检测了二者的关系，但是对其中的理论逻辑和内在机理尚缺乏深入的讨论和解释，公司企业家精神与创新的联系和区别是什么，公司企业家精神如何影响创新结果，以及在中国情境下是否呈现不同的特点等，都需要进一步分析和讨论。

2.3.5　小结

公司企业家精神是目前战略研究和创业研究的热点话题。对于企业层面的企业家精神这一概念，学者们采用了不同的术语，例如，公司创业、公司企业家精神、内创业等等。同时，对公司企业家精神的定义尚未形成统一的概念，主要包括两种观点：将公司企业家精神看作是企业的一种战略选择还是具体的创业过程或活动。本书采用的是公司企业家精神（corporate entrepreneurship）这一术语，并将其定义为企业为了适应环境变化，以创新为核心，通过创造性地整合资源而获取竞争优势的战略选择。

正是由于公司企业家精神丰富的含义，其测量方法也不尽相同。现有研究对公司企业家精神的测量主要采用量表进行主观性评价。根据公司企业家精神定义的侧重点和不同视角，测量工具主要包括创业导向、创业活动、公司创业评估工具这三类。其中，从战略导向的角度定义公司企业家精神多是基于米勒（Miller，1983）、科文和斯莱文（Covin & Slevin，1991）的三个维度以及兰普金和德丝（Lumpkin & Dess，1996）的五个维度进行测量的。本书采用的李等（Li et al.，2005）的量表工具是基于三维度并结合了中国情境。

对于结果变量，公司企业家精神能够促进企业的创新绩效和组织绩效。已有研究更多讨论的是组织绩效，而对创新绩效的分析相对有限。这很大程度上是由于创新绩效含义的广泛，以及创新和公司企业家精神概念的不清晰所致。现有文献表明公司企业家精神确实能够显著促进企业的创新绩效，然而对公司企业家精神与创新绩效关系的逻辑推理和理论基础尚未有充分的认识和讨论。

在公司企业家精神的前因分析中，制度环境扮演了重要的角色。制度环境为公司企业家精神战略的制定提供了激励和合法性约束。尽管关于制度环境对公司企业家精神有重要影响的观点得到了大量证实，但是对制度环境如何产生影响，即其对公司企业家精神的作用机制问题仍缺乏讨论。特别是对于制度环境发挥作用的情境因素或者边界条件认识有限。并且，已有创业研究对制度环境的分析多是基于全球创业观察（GEM）框架或者正式制度，而对认知和规范等非正式制度分析不够，并且忽视了企业对制度的感知和评价的差异。

2.4 企业家特质

企业的战略是由战略制定者对企业所处的情境进行选择性认知、解释和选择的结果，而对环境的过滤过程由其取向决定，包括心理特质（价值观和个性）和可观测的经验（经历、教育背景）。在创业战略制定过程中，企业家特质影响了其对创业环境的感知和战略倾向。企业家特质是创业研究领域中一个重要的研究学派。本节将介绍企业家特质的内涵，特别是企业家自恋和职业经历两种特质的相关研究。

2.4.1 企业家特质的内涵

企业家特质的内涵，就是指企业家特质的具体含义。对企业家特质的理解需要以奥尔波特的人格特质论为依据。奥尔波特（Allport，1996）认为，特质是个人以其生理为基础而形成的一组稳定性格特征，并作为心理组织的基本单位构成了人格的基础。人们行为的稳定性在很大程度上来源于核心成分特质——一种以某种特定方式行动的相对稳定而持久的倾向。企业家特质则被认为是企业家个性中所表现出来的稳定持久的基本单位（梁巧转等，2012），表现为企业家不同于他人的一组中心特质。

企业家特质的外延广泛，没有一个统一的划分标准，且其标准一直随着经济和社会的发展而不断变化。已有研究可以概括为心理特质（如态度、意志、情感）、行为特质（如知识、技能、行为表现）、社会特质（如先前经验、社会资本）等（汪翔和张平，2014）。此外，高阶理论用高层管理人员的人口背景特征替代更深层次的个性、认知、行为等心理特质，包括年龄、性别、任期、职业经历、教育背景、职能背景等。

特质有广义和狭义之分，相对来说，大五人格特质属于广义的特质，是一种远端构念，它们可以预测和解释行为的集合，但是难以评价特定的行为。由于制定公司企业家精神战略、开展创新和创业活动是具体的行为模式，因此需要寻找相关的近端变量与企业家精神和战略研究相关联（Baum & Locke，2004），例如，企业家所具有的独特特质。企业家独有的心理特质有成就需求、风险承担、警觉性、自恋、内控点等，独有的人口背景特征包括是否有过创业经历、职能背景、专业背景等。

根据相关研究，本书从个性特质"自恋"和人口统计学特征"职业经历"两个角度展开分析。下文将对自恋和职业经历两个概念及其研究进行总结和评价。

2.4.2 自恋

自恋从广义上被定义为一种夸大的，但又是脆弱的对个人具有重要性和影响力的自我概念（Resick et al.，2009）。目前大部分自恋研究探讨的是自恋型领导的负向影响（Judge et al.，2006），以及自恋会产生大起大落的极端的企业绩效（Chatterjee & Hambrick，2007）。然而，已有研究启示或实证表明自恋有助于企业采取创新决策，这为开展创新战略的企业家特质前因研究提供了又一思路。

2.4.2.1 自恋的定义

"自恋"这个概念源自古希腊的一则神话故事中的"narcissus"（水仙）一词，形容一个人自我欣赏而不能自拔。基于这一理解，自恋一词被弗洛伊德（Freud，1914）等学者纳入精神分析领域，被认为是一种人格特质，引发了精神病学、医学和心理学对自恋的广泛研究。弗洛伊德（Freud，1914）将自恋定义为自爱、自我崇拜、自我膨胀以及把他人视为自我延伸的倾向。由于自恋人格具有自尊心强、过度自信、占有欲和荣誉感强、强烈的自我优越感等特点，自恋往往被认为是一种病态，是在先天遗传因素和后天不良环境影响下形成的人格上的缺陷。这种人格障碍需要夸大的自我意象和别人的赞美来获得和维持自尊（Kohut，1966）。自恋包括显性自恋和隐性自恋两种形式，二者的区别在于，显性自恋者的自我扩张需要有人关注和羡慕，体现为一种直接的表现欲，有着较健康的心理。而隐性自恋者通常是自卑、敏感和缺乏安全感的，但二者均是自我夸大和需要别人认同的。尽管自恋在早期被看作是一种黑暗人格，但近代心理学的研究已经将自恋视为所有人或多或少都具有的一种性格倾向，在人群中普遍存在，并无褒贬之意（Emmons，1987）。

由于夸大的自尊需要自恋者通过社会互动来持续获得外部的自我肯定，自恋开始出现在组织行为领域，主要分析自恋型领导对组织的影响。实际上，早在弗洛伊德的心理治疗中，就已经开始关注自恋与领导的关系。德·弗里斯和米勒（De Vries & Miller，1985）在对领导者进行诊疗的过程中发现，领导者的很多行为与其自恋特质有关。根据自恋的不同特点和程度，他们将自恋型领导分为反应型、欺骗型和建设型三种，并认为反应型和欺骗型自恋领导对组织有一定的危害性。然而，早期的自恋与领导关系研究只是将自恋看作是领导的一个特质，而学者罗森塔尔和匹廷斯基（Rosenthal & Pittinsky，2006）最早系统提出了自恋型领导的概念，自恋型领导指的是领导者的行为主要受极端自私的个人需求和观念驱动而不是所领导的组织机构的利益驱动。这种极端的利己主义来源于领导者自大、对权力渴望、追求外在形象、高度敏感等自恋特质。自恋型领导所表现出的是被权力和荣誉所驱使、目标宏大的和以自我为中心的领导风格，既有积极的一面，也可能给组织带来负面影响。维梅特（Ouimet，2010）指出，自恋型领导由魅力、利己主义、欺骗动机、智力抑制和假装关心等五个要素构成，并且这五个要素之间并不是相互独立的，而是存在着复杂的联系。黄攸立和李璐（2014）在已有文献的基础上总结了自恋型领导的四个内涵，包括魅力、利己主义、欺骗动机和知识抑制。尽管目前的研究将自恋从一种特质转向一种领导行为，但是对自恋型领导的定义还存在分歧，而且多数研究从领导的自恋特质的角度来理解和测量自恋型领导，尚未形成统一的和科学的界定。

进入 21 世纪以来，包括自恋在内的 CEO 个性特质开始成为战略管理研究的热点问题。自恋与战略管理的研究主要集中于战略决策、战略性领导、公司治理等内容，并且，高阶理论将自恋视为高管所具有的一种基本个性（Gerstner et al.，2013）。查特吉和汉布瑞克（Chatterjee & Hambrick，2007）认为，自恋形容一个人自大并且需要别人不停地满足自大感。而自恋倾向则表示一个人自大并且需要别人不停地满足自大感的程度。该研究指出，自恋倾向高的 CEO 更容易引起企业战略的重大调整和绩效的大起大落。根据现有社会心理学和战略管理的研究，威尔士等（Wales et al.，2013）将 CEO 的自恋看作是一种表现为不同程度的个性特质，而不是反映患者和非患者二元状态的人格异常，并发现不同自恋水平的 CEO 会对组织战略行为产生不同的影响。CEO 的自恋倾向越高，越可能采取大胆的、勇敢的行动，以及具有更强的竞争愿望。

作为一种个性特质，自恋一词与许多概念有着相似的含义，如自尊、过度自信等。为了更清晰地理解自恋的内涵，本书对相关概念进行了对比分析，具体如表 2.7 所示。从表中我们可以看出，与自尊、过度自信、自大、自我效能和核心自我评价相比，自恋具有一个独特的特点，即渴望他人的肯定和赞美。自恋包括认知和动机两个属性，一方面自恋者对自己的评价很高，过度自信、自我崇拜，另一方面自恋者强烈地需要外界的肯定和掌声以维持自我优越感（Chatterjee & Hambrick，2007；文东华等，2015）。

表 2.7　　　　　　　　　　自恋与相关概念的比较分析

概念	比较分析
显性自恋与隐性自恋	显性自恋是自信、外向和善于表现的意志型自恋，隐性自恋是内向、自卑、缺乏自信和安全感的敏感型自恋（Wink，1991）
自恋与自尊	自尊（self-esteem）指的是一个人的自我接纳、自我喜好和自重，强调的是自我赞美，自恋不仅具有高度的、脆弱的自尊（Kernis，2005），还包括自尊所没有的自大傲慢、追求权威和荣誉，特别是持续的需要被肯定
自恋与过度自信	过度自信（overconfidence）指的是对未来事件的态度和信念，表现为一种同时存在的自恋及自信的心理状态，而自恋是一种更根深蒂固的个人特质；与自恋者相比，过度自信者没有追求权力、利己主义、持续寻求赞美与掌声等特质
自恋与自大	自大（hubris）刻画的是个人一种夸张的自信，是外界因素和内在性格综合产生的一种心理状态，是自恋的趋势，而自恋是一个更基础和根深蒂固的性格特征；自大没有自恋所具有的独有的特征，比如权力意识、专注自我、持续地需要肯定和赞美
自恋与自我效能	自我效能（self-efficacy）是指个人对自己从事某种行为能够实现预期目标的信念，是对自己能力的一种判断，而自恋者会积极评价自己的能力，并需要他人给予高度评价和崇拜
自恋与核心自我评估	核心自我评估（core self evaluation，CSE）是一个更广泛、更内隐和高度秩序化的特质，处理的是正向的自我保护和自我潜能。与自恋相比，核心自我评估并不包含对掌声和赞美的持续需求的特质

资料来源：刘向东（2010）。

综上所述，自恋的概念发端于心理学和临床医学研究，并逐渐应用于组织行为学和战略管理研究中。自恋不再是一种病态，而是作为一种个性特质用来分析领导者对组织行为和战略决策的影响。这也成为本书研究的逻辑起点。本书将自恋看作是一种连续体，是个体或多或少都会存在的一种个性特质，表现为程度或倾向的差异。根据查特吉和汉布瑞克（Chatterjee & Hambrick，2007）的研究，本书认为，自恋是一个人表现为自大并且需要别人不停地满足自大感的个性特质。

2.4.2.2 自恋的测量

目前，已有研究对自恋倾向的测量主要有客观和主观两种方式。主观测量是采用量表和问卷的形式，而量表工具主要来源于自恋症状诊断标准（DSM）、临床诊断、明尼苏达多相人格测量（MMPI）的气质量表等。由于这些量表有些与心理健康正相关，有些则与不适应正相关，因此，总体上来看，自恋的测量包括健康和病态两类量表，或者是显性自恋和隐性自恋两类量表。实际上，如果将自恋看作是一个健康–不健康的连续体，那么显性自恋属于健康的一端，而隐性自恋属于不健康的一端。

显性自恋的量表以自恋人格量表（narcissistic personality inventory，NPI）为代表，该量表是由拉斯金和霍尔（Raskin & Hall，1979）根据《精神疾病统计与诊断手册》（DSM-Ⅲ）的自恋人格障碍标准而发展过来，包括 54 个项目，采用二选一的迫选方式进行自评。埃蒙斯（Emmons，1987）对该量表进行了探索性因子分析，提取了四个维度，包括领导力/权威、优越感/自大、剥削/权利、自我沉迷/自我欣赏，整体信度值为 0.68。随后，拉斯金和特里（Raskin & Terry，1988）对此量表进行了修订，最终保留了 40 个项目，并通过因子分析提取了 7 个因子，包括权威、优越感、剥削、权利、自我满足、虚荣、喜欢出风头。库巴里奇等（Kubarych et al.，2004）对该量表以非临床样本进行探索性和验证性因子分析，将其划分为权力、喜欢出风头、特别的人三个维度。然而不幸的是，这些 NPI 的子量表并没有表现出可接受的内部一致性水平（del Rosario & White，2005），因此目前的研究都是使用 NPI 总分数。基于这个原因，埃姆斯等（Ames et al.，2006）开发了一个简洁的、单一维度的量表，包括 16 个项目，同样采用迫选的方式。

隐性自恋的量表以自恋人格障碍量表 NPDS（narcissistic personality disorder scale，NPDS）为代表（Ashby et al.，1979）。该量表是通过对自恋者的临床诊断发展而来，具有较好的信效度。与 NPI 不同的是，NPDS 的高得分者表现出来的是敏感、自卑、内向、缺乏安全感、焦虑等特点。温克和高夫（Wink & Gough，1990）指出，NPDS 量表与瑟科内克（Serkownek，1975）的自恋 - 过度敏感性量表（narcissism-hypersensitivity scale）、佩珀和斯特朗（Pepper & Strong，1958）的自我敏感性量表（ego-sensitivity scale）正相关，均反映了脆弱性和敏感性的特点。这两个量表均来自明尼苏达多相人格测量（MMPI）的男性 - 女性气质量表，也是主要的隐性自恋测量工具。

然而，一些学者指出，NPI 并不适合测量高管的自恋倾向，因为当涉及某些敏感话题时，他们往往会刻意回避或作出有偏误的答案。于是提出了客观测量法。自恋的客观测量主要是从相关资料中获取某些指标来作为自恋的代理变量。比如，查特吉和汉布瑞克（Chatterjee & Hambrick，2007）采用了五个代理指标：CEO 照片在企业年报中的突出性、CEO 在企业新闻稿中的突出性、CEO 在采访中使用第一人称的比率、CEO 与仅次于 CEO 的第二大高管间的相对现金薪酬、CEO 与仅次于 CEO 的第二大高管间的相对非现金薪酬。经过一一对比，查特吉和汉布瑞克（Chatterjee & Hambrick，2007）认为这五个指标能够涵盖埃蒙斯（Emmons，1987）的四个维度。

里森比尔特和科芒德（Rijsenbilt & Commandeur，2013）在查特吉和汉布瑞克（Chatterjee & Hambrick，2007）的研究基础上进行了改进，他们将 CEO 自恋特质所体现的行为归纳成包括 CEO 薪酬、CEO 曝光、CEO 权力、CEO 收购行为共四种类别，并对每种类别设计不同的测量题目，总共十五个分项。并且，该测量与埃蒙斯（Emmons，1987）的测量方法有很大的相关性，具有较好的信效度，说明这种客观测量法是可行的。同样，国内学者文东华等（2015）借鉴查特吉和汉布瑞克（Chatterjee & Hambrick，2007）的测量方法，并根据中国具体情境使用三个指标来衡量上市公司 CEO 的自恋程度，包括在对 CEO 报道的

新闻占公司发布的所有新闻的比例、CEO 接受采访和发表演说时使用第一人称
单数"我"与其他人称代词的比率、CEO 的微博和博客中的非转发内容占所有微
博和博客的比率。他们用标准均值法和因子分析法将三个指标构建成了一个自恋
指数，指数越高代表自恋程度越高。此外，瓦兹尔等（Vazire et al.，2008）提出
通过判断外表来预测自恋程度，并通过实证证明了可靠性。塞伯特（Seybert，
2013）则认为可以根据签名的大小或者尺寸来判断 CEO 的自恋倾向，实证表明
CEO 的签名大小与公司业绩成反比，这也说明签名测量法具有一定的有效性。

现有研究对自恋倾向的测量相对来说比较统一，总体上看包括以 NPI 为主
要工具的主观测量和以 CEO 曝光、CEO 薪酬等为指标的客观测量。由于对自恋
型领导的界定仅仅是分析领导所具有的自恋特质，因此测量方式也是主要基于
自恋这一人格特质所具有的基本特征，尚未形成特定人群或者特定现象的测量
工具。此外，本书总结了自恋在创业和创新领域的测量方式（见表 2.8）。这些
研究对自恋的测量采取主观和客观测量两种方式。主观测量主要是应用 NPI
量表，包括 NPI-16 和 NPI-40（Wales et al.，2013；Mathieu & St-Jean，2013；
Campbell et al.，2004）；客观测量则是借鉴查特吉和汉布瑞克（Chatterjee &
Hambrick，2007）的研究，选取 CEO 曝光和薪酬方面的指标作为代理变量
（Gerstner et al.，2013；Chatterjee & Hambrick，2011）。鉴于以上原因和本书
的研究问题与设计，本书将借鉴威尔士等（Wales et al.，2013）的研究，采
用埃姆斯等（Ames et al.，2006）所开发的 16 个题项的 NPI 版本。

2.4.2.3　自恋与创业

目前，自恋倾向是战略管理领域研究最多的个性特质，也是战略管理最
热门的研究课题之一（田海峰和郁培丽，2014）。自恋的研究对象主要有
CEO、高管和企业家/创业者等对战略决策和组织行为有重要影响的人。归纳
起来，有关自恋的研究内容主要包括三个方面：自恋对战略决策的影响、对
其领导方式的影响和对公司治理的影响。本书主要回顾和总结了自恋在创业
和创新战略领域的研究，具体如表 2.8 所示。总体来说，有关创业和创新的
自恋研究主要包括两类。

表2.8　自恋与创业研究

文献	自变量	因变量	调节/中介变量	结论	自恋测量	创业类型（个体A，企业B）
Campbell et al. (2004)	自恋	绩效	中介：风险承担、过度自信	自恋正向影响风险承担、风险承担起中介作用	NPI-40	A
Chatterjee & Hambrick (2007)	CEO自恋	战略变化、绩效变化		CEO自恋倾向越高，越可能引起战略的重大变化和更新，也会导致绩效的大起大落	自恋指数	B
Simsek et al. (2010)	核心自我评价	创业导向	调节：环境动态性	CEO的核心自我评价显著正向影响创业导向，环境动态性起正向调节作用	Judge（2003）量表	B
Foster et al. (2011)	自恋	股票投资		自恋者更倾向于采取具有风险性的投资决策	NPI-40	A
Kramer et al. (2011)	自恋	创业意图		自恋倾向正向影响创业意图	NPI-12	A
Chatterjee & Hambrick (2011)	近期企业绩效、近期社会赞美	风险承担	调节：CEO自恋	CEO自恋负向调节近期企业绩效与风险承担的关系，正向调节近期社会赞美与风险承担的关系	Chatterjee & Hambrick（2007）自恋指数	B
Hirshleifer et al. (2012)	过度自信	创新活动		过度自信对创新投资和产出有正向影响	客观（新闻等）	B
Wales et al. (2013)	CEO自恋	企业绩效差异	中介：创业导向	CEO自恋正向影响创业导向，创业导向起部分中介作用	NPI-16	B

续表

文献	自变量	因变量	调节/中介变量	结论	自恋测量	创业类型（个体 A，企业 B）
Gerstner et al. (2013)	CEO 自恋	技术变革	调节：受众互动	CEO 自恋正向影响技术变革，当媒体关注较多时，正向影响越强	Chatterjee & Hambrick (2007) 自恋指数	B
Engelen et al. (2016)	创业导向	企业绩效	调节：CEO 自恋，市场集中度，市场动态性	CEO 自恋负向调节创业导向与股东价值的关系，在集中市场和动态市场环境下，CEO 自恋的正向调节才会出现	Chatterjee & Hambrick (2007) 自恋指数	B
Mathieu & St-Jean (2013)	自恋	创业意图		自恋倾向正向影响创业意图	NPI-16	A
Wisse et al. (2015)	员工自恋	员工创新行为	调节：主管自恋	员工自恋正向影响员工创新行为，但主管自恋企业负向调节作用	4 item: dirty dozen scale	B
Pinto & Patanakul (2015)	自恋型项目负责人	项目选择和支持		自恋型项目负责人倾向于选择更危险，更引人注目的项目，更支持创新业务或创新产品	—	B
刘向东 (2010)	自恋倾向	战略绩效	中介：战略选择	高自恋倾向的战略型领导者正向影响预见型和分析型战略选择，低自恋倾向的战略型领导者选择防御型战略	Emmons (1987)	B
赵文红和孙卫 (2012)	过度自信	连续创业	调节：风险承担倾向	过度自信正向影响连续创业，风险承担倾向负向起调节作用	Forbes (2005)	B

续表

文献	自变量	因变量	调节/中介变量	结论	自恋测量	创业类型（个体 A，企业 B）
文东华等（2011）	CEO 自恋	战略动态性、并购、业绩表现	调节：所有权性质	CEO 自恋正向影响战略动态性和并购战略，且在非国有企业比国有企业作用更显著	Chatterjee & Hambrick（2007）自恋指数	B
易靖韬（2015）	高管过度自信	企业创新	调节：企业规模、负债、行业	高管过度自信对创新投入和产出有正向影响，大企业、非财务扩张和高新技术产业更加显著	客观（薪酬、投资）	B
孔东民等（2015）	CEO 过度自信	企业创新	调节：股权集中度、股价同步性	CEO 过度自信正向影响企业技术创新，股权集中度和股价同步性起负向调节作用	客观：持股数量	B

资料来源：笔者整理。

第一，讨论已建企业的高管或者 CEO 的自恋倾向对创新和创业战略的影响。威尔士等（Wales et al.，2013）认为，在 CEO 的自恋倾向与企业绩效变化中，创业导向扮演了中介的角色。该研究认为，拥有更高水平的自恋者有更强的竞争愿望、更倾向于采取大胆的、勇敢的能够提高他们声望的行动，而为了满足这些需求，自恋型 CEO 会引导企业采取更大胆、激进的创业导向战略。格斯特纳等（Gerstner et al.，2013）以大型生物制造企业为样本，提出了自恋型的 CEO 偏好于技术变革的假定。结果发现，高自恋的 CEO 偏好采取大胆和激进的行动来期望赢得广泛的赞美，因此倾向于投资间断性的技术创新，而当媒体对制药、新技术关注较多时，上述关系会变得更加显著。另外，CEO 的自恋倾向也会影响高管团队对技术变革的认识。刘向东（2010）在分析战略领导特征对战略绩效的影响路径时发现，战略领导者的个性特质对企业战略选择和绩效有重要作用，其中，高自恋倾向的领导者偏向预见型和分析型战略选择，而低自恋倾向的领导者偏向防御型战略选择。

自恋不仅直接作用于企业的创业和创新战略决策，还会在决策的制定和执行中发挥调节作用。查特吉和汉布瑞克（Chatterjee & Hambrick，2011）研究了企业风险决策的决定因素，指出近期的企业绩效和对 CEO 的社会赞美会影响到 CEO 的风险承担行为，而 CEO 自恋会负向调节近期的企业绩效与风险承担的关系，相反，CEO 自恋程度越高，近期的社会赞美对风险承担的积极影响越强。恩格伦等（Engelen et al.，2016）讨论了 CEO 自恋在创业导向与绩效关系中的角色。通过对 S&P 500 中的 41 家企业和 CEO 的分析，结果发现当 CEO 自恋倾向高时，创业导向与股东价值间的正向关系会减弱，创业企业只有在个别情形下应该拥有自恋型的 CEO，例如，集中市场和动态市场环境。除了企业层次的创新行为，维斯等（Wisse et al.，2015）探讨了员工自恋和员工创新行为的关系。通过对 306 对员工和主管的数据进行回归发现，员工的自恋程度正向影响其创新行为，然而，主管的自恋程度越高，二者的正向关系越弱。

第二，对比创业者和非创业者的个性特质差异，分析具有自恋特质的创业者是否更具有创业意图。这类研究往往是以学生为样本进行的讨论。克雷默等（Kramer et al.，2011）认为，个性是解释创业行为的重要预测变量。该研究分别对"黑暗三性格"进行了分析：自恋、马基雅弗利主义、精神病。通过对创业学生的实证调查，结果表明自恋和精神病对整体的创业意图有显著的积极作用。马蒂厄和圣－让（Mathieu & St-Jean，2013）比较了学生创业者和非创业的学生、城市工人、员工和大企业分公司的经理在自恋倾向和创业意图中的差异。研究表明，学生创业者比那些职业群体在自恋测评中获得了更高的分数。结果还发现，自恋与自我效能、控制点和风险承担等特质正相关，即使在控制这些特质后，自恋在对创业意向的解释中扮演重要的角色。古斯塔夫松等（Gustafsson et al.，2015）分析了在个人主义和集体主义等不同文化中，管理或创业专业的学生的自恋行为。该研究发现，创业或管理专业的学生具有更高水平的自恋倾向，来自个人主义文化中的学生具有更高水平的自恋倾向。

此外，还有一部分研究讨论了过度自信、自大、核心自我评估等个性特质对创新和创业的影响，而这些特质都是自恋的关键成分，也从一定程度上体现了自恋的作用。例如，赫什莱弗等（Hirshleifer et al.，2012）调查了1993~2003年美国企业的2577名 CEO，发现过度自信的 CEO 们倾向于更多地投资创新、获取更多的专利和专利引用，以及取得更大的创新成功。恩格伦等（Engelen et al.，2015）根据高阶理论，检测了 CEO 过度自信与企业创业导向的关系。实证研究表明，CEO 过度自信与创业导向的关系以一个下降的比率在增加，而市场动态性正向调节了二者的关系。国内学者孔东民等（2015）以沪深两市的上市公司为研究样本，考察了 CEO 的过度自信对企业创新行为的影响。结果表明，CEO 过度自信能够显著促进上市公司的技术创新，同时，该积极作用在企业的股权集中度或股价同步性较高的情况下会显著降低。西姆塞克等（Simsek et al.，2010）根据高阶理论和个性理论，开发和检测了一个关于 CEO 的核心自我评价与企业创业导向的关系模型。经过对129 家企业的实证调查，发现核心自我评价更高的 CEO，更倾向于采取创业导向战略，尤其是在面对动态的环境时，CEO 的核心自我评价对创业导向的积极影响更强。

综上所述，已有研究从多种角度论证了自恋特质对创业和创新战略的积极影响。一方面，具有自恋特质的 CEO/企业家偏好于从事大胆的、具有远见的、宏大的创新和创业活动。这既来源于自恋型企业家对现实的乐观和自信的态度而产生的高估倾向，也来源于其对个人能力的信仰和对赞赏强烈且持续的需求。自恋特征会驱使企业家形成创业感知，进而采取创业战略和行动。另一方面，开始有研究表明自恋的作用机制还会受到其他因素的影响，例如，环境特征（Simsek et al.，2010）、企业性质（文东华等，2015）、受众互动（Gerstner et al.，2013）、企业规模（易靖韬等，2015）等。然而，现有研究还十分有限，特别是对自恋特质与制度环境感知的交互作用尚未引起足够的注意。制度环境形塑了企业家对创新和创业的管理认知，而企业家的自恋特质会影响其管理认知的形成，那么，企业家的自恋特质是否会影响制度环境与公司企业家精神的关系？这一问题亟须我们进行讨论和检验。

2.4.3 职业经历

2.4.3.1 职业经历的概念和测量

职业经历，顾名思义，是指个人的工作历史。泛指在不同行业、不同企业或同一企业不同职能部门的工作经历（Waller et al.，1995）。对企业家职业经历的思考来源于高阶理论中利用人口统计学特征代替认知模式讨论高管对战略决策的影响。汉布瑞克和梅森（Hambrick & Mason，1984）认为，高管人员会对其所面临的情境和选择做出高度个性化的诠释，并以此为基础采取行动，即高管人员在行为中注入了大量自身所具有的经验、性格、价值观等特征。而由于高管的心理特征很难测量，因此用可观测到的经验（如年龄、职业经历等）作为管理人员认知和价值观的代理变量。其中，职业经历是一个重要和广泛关注的变量，它不仅关系到个人的技巧、能力和竞争力的发展，还会影响到价值观、需求、激励和企业家精神的培育（Bird，1989）。

需要说明的是，在高阶理论模型中，对高管特征的考察主要包括年龄、任期、教育背景和职业经历四个方面。因此，有关高管特征和战略、绩效的实证研究基本是选择这四种特征，并根据具体的问题和情境而有所差异。本书选择职业经历这一人口统计学特征的原因包括以下几个方面：第一，有关研究表明，高管的年龄和任期对企业创业和创新战略没有显著影响（张平等，2014）；第二，任期从本质上来说是一种制度，是企业外加于高管的约束，而年龄、教育背景和职业经历等则与个人长期的积累有关，更加内属于高管（姚振华，2014）；第三，在确定企业的发展方向和具体战略时，高管的选择和行为往往来自已有的工作经验，因而职业经历发挥着更为重要的角色（Hambrick & Mason，1984）。职业经历塑造了高管的管理经验、知识结构和心智模式。一方面，从职业经历中形成的偏好和认知会影响高管对环境的感知和决策的制定；另一方面，从职业经历中获得的能力和经验会影响战略的实施过程。拥有不同职业背景的人有不同的认知和知识结构，必然会影响到企业战略的制定和实施。

职业经历根据研究内容和目的有不同的划分方法（见表2.9）。最常见的是从所服务的部门属性进行分类，包括营销背景、研发背景、财务背景、行政管理背景、生产制造等背景。汉布瑞克和梅森（Hambrick & Mason，1984）根据职能部门的功能和目的将这些部门经历概括为三类：产出型、生产型和外围型。产出型职能包括营销、销售和产品研发等部门，强调增长和新机会的开发，负责监督和调整产品和市场；生产型职能包括生产、过程管理和会计等部门，目的是提高转化过程的效率；外围型职能包括法律、融资等非组织的核心部门，具有此背景的高管往往倾向于非相关多元化和管理复杂化。不同的职能部门经理会影响高管的战略倾向。例如，查干提和桑巴利亚（Chaganti & Sambharya，1987）发现，相比分析者公司和防御者公司，勘探者公司的高层管理人员中拥有营销和研发背景的比例更高，而拥有财务背景的比例更低。有的高管只有一种部门任职经历，也有的高管具有多个部门的任职经历，属于多职能背景（王雪莉等，2013），或者跨职能背景（陈劲等，2003）。特别地，对于专业技术职业背景，可以按照职称进行分类（姚振华，2014）。职称反映的是专业技术人员的技术能力、工作能力和成就，可划分为初级、中级和高级等种类，因专业技术不同而有所差别。

表 2.9 职业经历与创业研究

文献	自变量	因变量	调节/中介变量	结论	划分类型	研究层次（个体 A，团队 B）
Rajagopalan & Datta (1996)	CEO 特征	产品多元化		CEO 的流量型职能背景与产品多元化负相关	职能部门功能	A
Tyler & Steensma (1998)	高管经验	技术联盟		有技术工作经验（研发，工程）的高管更重视机会和技术联盟	职能部门功能	A
Daellenbach et al. (1999)	高管团队特征（职业经历）	创新承诺		拥有技术领域（工程，生产，研发）工作经验的高管正向影响企业的创新承诺	职能部门功能	B
Hayton (2005)	智力资本（人力资本）	公司企业家精神		职能背景的多样性正向影响创新和风险活动	职能部门功能	B
Tang (2010)	企业家因素（人力资本）	创业机会识别		有行业经验的企业家有利于创业机会识别	创业经历	A
Bermiss & Murmann (2015)	企业间高管流动	组织失败	调节：高管的职能背景	失去管理内部过程的高管比失去管理外部交易关系的高管更能引起组织的失败	职能部门功能	A
Wei & Ling (2015)	CEO 任命方式、工作经验、网络联系	公司企业家精神	调节：CEO 管理自主权（环境不确定性，企业规模）	公开招聘、外资经验正向影响公司企业家精神，当管理自主权高时，政治联系和行业外联系正向影响公司企业家精神	任命方式、企业性质	A

续表

文献	自变量	因变量	调节/中介变量	结论	划分类型	研究层次（个体A，团队B）
Heyden et al. (2015)	高管团队流量型职能导向	管理创新	调节：高管团队与中层团队相似度	高管团队的流量型职能导向对管理创新有正向的影响，高管团队与中层团队的相似度越高，正向影响越强	职能部门功能	B
杨俊等 (2010)	创业团队经验异质性	进入战略创新性	调节：冲突类型	行业经验和职能经验异质性正向影响进入战略创新性	职能部门功能、行业经历	B
秦今华等 (2012)	职能背景	战略导向		私营企业主的专业技术职能背景倾向于探索型战略，供销职能背景倾向于防御型战略	职能部门功能	A
曹兴 (2012)	CEO人口特征（任职经历）	创新投入		任职经历的丰富程度对创新投入没有显著影响		B
李小青和孙银风 (2013)	CEO认知特征（输出职能背景）	技术创新		输出职能背景的CEO正向影响技术创新	职能部门功能	A
李华晶和陈凯 (2014)	高管团队异质性（职业经历异质性）	企业绩效	中介：绿色创业导向 调节：高管团队社会使命感	职业经历异质性正向影响绿色创业导向	职能部门功能	B
姚振华 (2014)	董事长个人背景特征	企业研发强度		董事长个人职称正向影响研发强度	职称	A

资料来源：笔者整理。

职业经历的划分还有许多其他的形式。高管的任命方式也反映了其职业经历，包括内部晋升、外部公开选聘和政府任命等形式。内部晋升的高管所拥有的是本企业的工作经验，相对来说视野有限，而外部选聘的高管更容易使企业的结构、程序和人员发生变化（Hambrick & Mason，1984）。此外，一些研究从是否有外资企业的工作经验来考察高管的职业背景（Wei & Ling，2015）。由于外资和国内企业的文化、结构等存在显著差异，是否拥有外资企业任职的经历会影响到高管的行为与决策。这一分类形式则以高管所服务企业的性质为划分标准，包括外资企业、国有企业、私营企业等类型。在创业研究中，唐（Tang，2010）根据高管是否具有创业经历来进行划分，分为行业经验和创业经验两类，而具有创业经验的高管更倾向再创业。

在有关职业经历的研究中，职业经历的主体包括高管个人和团队两种层次。个人层次中，高管、经理人、CEO、CFO、企业家等是经常分析的对象，对其职业经历的考察比较简单，类别的划分已基本在上文中概括。团队层次中，对高管团队职业经历的讨论则包括同质性和异质性两个方面，同质性是指团队的平均水平，异质性是指团队成员职业经历的差异。姚振华等（2014）通过评价职称的水平考察了高管的专业技术的职业背景。该研究用平均的职称水平表示同质性，用职称水平的差异性表示异质性。在考察某项具体的职业背景而无法计算均值时，有的研究也采用某项职能背景在团队中所占的比例来衡量。王雪莉等（2013）分别刻画了产出型、生产型和外围型三种基本职能和海外背景、政府背景、外部空降三种特殊性职能的每一种职能的高管在团队中所占比例，以表示高管团队的职能背景。

对于职业经历的测量，无论如何界定职业经历，都被看作是一种类别变量。在实证研究中，类别变量包括有序和无序两种，有序类别变量可以进行比较优劣。当计算高管团队的职能背景时，可以求取平均值来代表职能背景的平均水平，例如，职称的测量。姚振华（2014）将职称划分为四类，分别用数字 1~4 来标记，均值越高，表明平均职称水平越高。然而，职业经历的有序分类方法很少，更多的是无序分类。无序分类没有顺序差异，只是进行分类，这类测量一般采用虚拟变量的形式进行处理。如果类别数为 N，则需

要设 $N-1$ 个虚拟变量。魏和凌（Wei & Ling，2015）按照 CEO 的任命方式将职业经历划分为政府任命和公开竞聘两类，因此设定一个虚拟变量，如果 CEO 为公开竞聘则设为 1，如果 CEO 被政府任命则设为 0。对于团队职能背景的无序分类，通常会计算某个职能背景的人数占总体的比率来分析该职能背景与相关变量的关系，而异质性的计算通常采用 Herfindal-Hirschma 系数。

本书聚焦于企业家个人的职能经历，因此属于无序分类变量，应该设定虚拟变量来测量。鉴于本书的创业创新研究内容，本书将借鉴魏和凌（Wei & Ling，2015）的做法，将企业家是否拥有外资企业的工作经历来作为职业经历的具体考核内容。

2.4.3.2 职业经历与创业

创业作为企业的一种战略选择，是高管对环境解读的结果。在创业战略制定的过程中，高管的人口统计学特征作为心理因素的替代变量会影响到高管的洞察力、选择性认知和解释。其中，职业经历作为高管的一种经验和认知的表现，会影响到其对创业和创新的看法和偏好。本书总结了在创业和创新研究领域中，有关高管/企业家的职业经历的研究，具体如表 2.9 所示。

从表 2.9 中可以看出，创业和创新领域的职业经历研究既包含基本的职能背景（Daellenbach et al.，1999；秦令华等，2012；Bermiss & Murmann，2015），也有特殊的工作经历（Tang，2010；Wei & Ling，2015；姚振华，2014）。在基本的职能背景方面，戴伦巴赫等（Daellenbach et al.，1999）按照职能部门的功能来刻画高管的职能经历，包括金融、法律、影响、工程、生产部门。经过对美国 57 家金属和半导体企业的实证研究发现，高管的技术背景导向特征与企业超出行业平均的研发投入强度显著正相关，也就是说，具有工程、生产/运营、研发部门工作经验的高管更倾向于创新。秦令华等（2012）以 2006 年全国私营企业调查数据考察了私营企业主的职业背景对企业战略导向的影响。结果发现，私营企业主的专业技术职能背景有利于探索型战略，而供销职能背景有利于防御型战略。

就技术职能背景而言，维尔斯马和班特尔（Wiersema & Bantel，1992）

认为，高管的技术专业性越高，越能承受变革和愿意承担风险，因而更倾向于战略变革，并通过 100 家美国大型制造企业的数据验证了该假设。姚振华（2014）则用职称来表示高管的技术专业化水平，研究认为，如果高管有获得高级工程师甚至更高级别的职称的话，这样的企业往往具有较高的创新意愿和创新水平。高管的专业技术水平越高，研究的科研项目越多，越能带领企业从事科研开发和创新活动，不仅会直接影响企业的创新决策和研发投入，还会培养企业的创新文化和氛围。通过对在 2009～2011 年在中国创业板首批上市的企业进行实证研究，结果发现董事长个人职称与企业的研发强度正相关，即董事长的职称越高，企业越倾向于研发和创新。

还有些研究分析了高管的特殊职业经历。例如，魏和凌（Wei & Ling，2015）认为，CEO 的工作经历塑造了其管理专业知识和技巧（人力资本），拥有外资企业工作经验的 CEO 一般更早接触创新管理方法和创业追求的熏陶，更有可能采取公司企业家精神战略。唐（Tang，2010）调查了中国的企业家如何积累相关信息和知识以寻求机会。该研究指出，企业家因素，包括人力资本、社会资本和社会技巧会影响机会的识别，其中，企业家的行业经验和创业经验对创业机会的识别有积极的影响。

在公司企业家精神的研究中，更多的是讨论高管团队的特征和构成（尽管表 2.9 所列的文献多是个体层次的研究），对 CEO 或者企业家个体的分析相对有限，特别是国内的研究对高管团队与战略决策的关系尤其关注。这是由于这些研究基于高阶理论所强调的高管团队比 CEO 个人更能解释战略和绩效的论点。实际上，现有研究过分强调了高管团队的作用，而忽视了 CEO 或企业家的影响力。最近的一项研究表明，CEO 效果对企业绩效差异的解释力度在显著地提高（Quigley & Hambrick，2015），CEO 的影响力因管理自主度、行业和企业等情境条件而不同（Hambrick & Quigley，2014）。另外，国内的研究基本是借鉴西方情境的理论，忽略了中国的特点和情境。与西方发达经济相比，企业家在中国转型经济中的影响更为显著（Lin，2001），在战略决策制定和开发中扮演关键的角色。在复杂的制度情境下，企业的职业经历深刻影响着企业家对制度环境的感知和响应。因此，相对于高管团队，探讨

CEO 或者企业家个体的职业经历更具有必要性和重要性。

2.4.4　小结

企业家特质是企业家个性中所表现出来的稳定持久的基本单位。在众多企业家特质中，本书选取了对创业决策制定过程有重要影响的两个特质：企业家自恋和企业职业经历。

在战略管理研究领域，自恋不再是一种病态，而是个体或多或少都会存在的一种个性。自恋被认为是一个人表现为自大并且需要别人不停地满足其自大感的个性特质。自恋的测量包括主观测量和客观测量两种方式，主观测量工具按照自恋划分为显性自恋量表和隐性自恋量表。本书意义上的自恋是一种健康的显性自恋，其测量方式以 NPI 为代表。

自恋型的 CEO 或者高管对企业的战略决策制定有重要的影响。已有研究表明，自恋型的 CEO 对环境进行评估时容易产生高估的倾向，加上对自身能力的过度自信和对掌声的需求，而偏好于大胆的、激进的创新活动。也有的研究认为，自恋的作用也会受环境条件、组织因素的影响。然而，现有研究对自恋特质在环境 – 战略之间的影响缺乏讨论，特别是对自恋与制度环境感知的交互作用鲜有关注。

企业家职业经历是企业家个人的工作历史，在高阶理论研究中被广泛应用。职业经历根据研究内容和目的有不同的划分方法，例如，职能背景、专业背景、企业或产业背景等。职业经历的测量一般采用的是类别变量进行虚拟处理的方法。职业经历塑造了一个人的知识结构和认知模式，影响其对事物的看法和行为偏好。现有研究运用高阶理论来讨论高管的职业经历在创业战略决策中的作用。然而，大多数研究分析的是高管团队，而较少关注企业家/CEO 个人的影响力，并且对职业经历在制度环境——战略关系中扮演的角色尚未给予重视。

2.5　本 章 总 结

本章对创新绩效、制度环境、公司企业家精神、企业家特质中的自恋倾向、职业经历的已有研究进行了回顾，对这几个变量的定义、测量和相关实证研究做了总结和评价，以发现研究的不足和为本书的选题寻找依据。

本书综述的主线是围绕制度环境与创新绩效的关系展开的。针对制度环境对创新绩效的作用机制研究不足，本书引入了公司企业家精神作为中介变量，企业家自恋和职业经历作为调节变量。并且对制度环境与公司企业家精神、公司企业家精神与创新绩效、企业家自恋和职业经历与制度环境和公司企业家精神的关系研究进行了综述。

总结起来，对于各个变量的定义和测量，创新绩效、制度环境和公司企业家精神尚未形成统一的定义和测量，对自恋的测量和职业经历的划分也存在多种方法。根据已有研究并结合本研究的目的和内容，本书将制度环境聚焦于有关创业的规制、认知和规范环境，并采用布塞尼茨等（Busenitz et al.，2000）的创业制度框架进行测量；将创新绩效定义为创新的结果，特指企业进行新产品开发的成果；将公司企业家精神定义为企业为了适应环境变化，以创新为核心，通过创造性地整合资源而获取竞争优势的战略选择，并基于创新性、风险承担和先动性的三个维度概念进行测量；将自恋看作是一种具有程度差异的连续体，并对自恋的测量采用 NPI-16 版本的量表；对职业经历的划分依据是考察企业家是否具有外资企业的工作经历。

对于变量间的关系，本书认为现有研究存在以下不足：第一，在制度环境与创新绩效的关系研究中，已有研究多是从制度提供激励或者合法性的角度对创新的投入或者产出做出分析，缺乏对制度环境的作用机制的深入分析；第二，在制度环境与公司企业家精神的关系研究中，已有研究一方面对制度环境内容的考察多是基于 GEM 框架和正式制度指标，另一方面对制度环境影响创业战略的内在机理尚不明晰；第三，在企业家自恋、职业经历与创业战略制定过程的关系研究中，已有研究虽然表明企业家特质在企业家对环境感知、诠释和选择的过程中具有重要的影响，但是对制度环境的关注不够；第四，已有研究成果多是基于西方情境，而针对中国情境的研究尚未引起足够的重视。

由此看来，本书探索中国情境下制度环境对创新绩效的作用机制具有重要的理论意义，已有研究为本书所提出的观点提供了一定的证据，使本书的选题既有据可依，又能有所拓展。

第 3 章

理论框架与研究假设

　　创新是企业持续竞争优势的来源，提高创新绩效则成为企业的重中之重。制度基础观认为，制度决定了企业的战略和绩效。大量研究表明，制度环境是影响企业创新绩效的关键因素。然而，对制度如何影响创新绩效的探讨尚有不足。并且，在制度与战略的研究中，制度理论未能解释同一制度环境中企业战略和绩效的差异。尽管企业的战略和绩效被看作是制度与组织互动的结果，但是没有说明在制度约束下，组织因素如何以及在多大程度上产生作用。实际上，这说明了制度对战略和绩效的影响依赖于一定的情境。本章介绍了制度理论、管理认知观和高阶理论，并将由高速增长阶段向高质量发展阶段的转型升级视为中国当下最显著的情境，描述了中国情境下的制度、企业家与战略的关系。在此基础上，提出本书的理论模型和将要检验的具体假设。

3.1　制　度　理　论

　　在战略管理研究领域，对制度的讨论由来已久。作为一个开放的经济主体，企业的战略行为和绩效无疑会受到制度环境的约束。但是由于长期受主流的新古典经济学的影响，企业理论通常把制度作为一个给定的背景条件。

随着新制度主义思潮的兴起，战略研究者开始重视制度对企业战略选择和绩效的影响。特别是对于新兴经济体中的战略研究，制度理论被认为是与交易成本经济学和资源基础观并列的三大支柱理论之一（Hoskisson et al.，2000）。在新制度经济学、组织社会学的新制度主义等理论的基础上，彭（Peng，2002，2003）建立了基于制度的战略观，成为分析新兴市场中企业战略的最有力的工具。然而，制度基础观尚处于理论建构的初期，本节将首先从与制度基础观相关的两个理论入手，进而论述制度基础观的观点，以综合评述转型经济下战略研究的制度视角。

3.1.1　新制度经济学

战略研究的制度分析最早来源于新制度经济学。新制度经济学是从产权和制度的角度分析经济问题，在新古典经济学的基础上发展起来的并放松了其假设和进行修正的理论，以科斯、威廉姆森、德姆塞茨和阿尔钦、诺斯等为代表学者，包括交易费用理论、产权理论、制度变迁理论等主要理论。其中，以威廉姆森和诺斯的研究对战略管理研究的影响最大。

威廉姆森的交易费用理论继承和发展了科斯的企业性质学说。科斯（Coase，1937）认为，企业之所以存在，是由于市场的交易费用大于通过科层组织配置资源的费用。本质上，企业是一种契约安排，是一种通过权威配置资源的方式。威廉姆森在此基础上深入研究了交易费用。他认为，交易费用的产生是基于人的有限理性、机会主义行为和资产专用性假设。根据交易的特征（交易的频率、不确定性）和资产专用性，治理机制的选择扩展到市场、科层和处于二者之间的混合形式中，包括战略联盟、许可经营、参股等。从这个角度讲，威廉姆森的思想是比较制度分析（Williamson，1991），以节约交易成本为目的，比较市场、企业和混合形式等治理形式，从交易费用理论来讲，企业本身就是一种制度。

威廉姆森所提出的治理结构的概念对战略研究有重要的指导意义。在对纵向一体化的分析中，他认为，交易费用决定了企业是采取纵向一体化进行内部制造还是选择市场购买（Williamson，1991），这涉及了企业的一体化战略和多元化战略的问题。在市场购买活动中，资产专用性的增大是导致企业采取纵向一体化战略的原因。而当市场交易面临风险和不确定时，企业会通过内部资本市场来分散风险和降低交易费用，即采取多元化战略。另外，交易费用理论对战略联盟、关系网络、创新战略等战略问题具有重要的启示。基于此，交易费用理论至今也是企业进行战略选择的理论依据。

威廉姆森讨论的是一般的替代性治理结构，而不是关注较宏观的规则、法律、习俗等制度，并且，其将治理结构看作是给定的，而没有考虑治理结构的产生和转变。相反，诺斯从制度变迁的角度，分析了影响经济活动的制度框架。照诺斯看来，制度是人为设计的、用以形塑人们相互交往的所有约束（North，1990）。这些约束可以划分为正式约束和非正式约束两类，其中，正式约束是指成文的法律、规则和合约，非正式约束包括习俗、惯例、文化和行为准则等。此外，诺斯强调了契约的实施问题，由于交易成本和委托－代理原因，实施总是不完美的，但可以通过第三方实施来降低这些不利的影响。诺斯的制度理论是建立在交易费用与人类行为理论结合的基础上，从更广泛的制度框架来理解制度的作用和变迁。作为一种博弈规则，制度规定了激励机制来影响组织行为，并通过降低不确定性和减少机会主义来降低交易费用。行为人的认知系统和心智构念在制度的演化中扮演重要的角色，是组织及其企业家通过学习和有目的的活动而形塑了制度变迁的方向。战略管理研究通常应用诺斯的正式和非正式制度来讨论其对企业战略行为和绩效的影响。

3.1.2 组织社会学的新制度主义

在社会学中，制度一直是研究的中心问题。组织社会学的新制度主义将制度理论应用于组织研究中，区别于经济学的效率原则，从合法性的角度考虑组织行为和经济交换的制度嵌入（Meyer & Rowan，1977；DiMaggio & Powell，1983）。但是，组织社会学的制度研究并没有与企业战略研究很好地结合起来，直到 20 世纪 90 年代，以迪马乔和鲍威尔（DiMaggio & Powell，1991）出版的《组织分析中的新制度主义》为标志，组织社会学的制度理论逐渐引起战略学者的高度重视和应用。主要借鉴的理论和观点为斯科特的三大制度要素的分类、合法性、组织场域与同构化（吕源和徐二明，2009）。

与新制度经济学将制度定义为"游戏规则"不同，组织社会学中的制度含义更为广泛，不仅包括法律、规则程序、规范、传统和习俗，而且还包括为人的行动提供"意义框架"的象征系统、认知模式和道德模板等（Hall & Taylor，1996）。实际上，新制度主义本质上是从认知的角度来解释制度（DiMaggio & Powell，1991）。斯科特（Scott，1995）将制度要素总结为规制、规范和认知三类。规制性要素强调明确的外在的各种规则设定、监督和奖惩活动；规范性要素指的是社会中的制度，通常是具有说明性的、评价性的和义务性的，包括价值观和规范等；认知性要素是关于世界的、内化于个体的系列符号表象，是一种不证自明的对外部世界的认识和理解。相比较于诺斯（North，1990）的正式和非正式制度划分，斯科特（Scott，1995）重视认知作为社会的共同意义框架，这种无意识的、自发的和有意义的要素与规制和规范所体现的有意识的、合法实施的外部约束一起，构成了一个强有力的社会框架。斯科特的三大制度要素既能够指导宏观的环境分析，也能够用来分析微观层次的企业战略和制度的互动。

合法性是一种普遍化理解或假定，即由某个实体所进行的行动，在社会建构的规范、价值、信念和身份系统中，是有价值的、适当的假定（Suchman，1995）。合法性是新制度主义的核心概念，强调组织行为与社会功能的一致性。组织必须要获得社会的认可和支持，才能够得以生存和发展。合法性的来源是多重的，制度的三大基础要素为合法性提供了不同且相关的支撑（Scott，1995）。合法性的组织是根据法律法规和相关政策而建立的，是符合社会的规范、道德和价值观的，是遵守共同的情景界定和角色模板的。大多数情况下，三大制度要素共同发生作用，然而，有时不同来源和形式的合法性可能会产生冲突，或者出现错误的结合（Scott，1995）。这就需要组织进行权衡以获取最关键和必要的合法性（DiMaggio & Powell，1983）。对于企业的战略，其制定、实施和结果都需要符合来自规制、规范和认知方面的要求，即具有社会适当性，否则无法实现战略目标。合法性机制决定了企业的战略选择是否恰当和可接受，因此对战略研究具有重要的贡献。

新制度主义学派将组织场域作为基本的分析单位。组织场域是指包括关键的供应商、原料与产品购买商、规制机构以及其他提供类似服务与产品的组织等聚合在一起所构成的一种被认可的制度生活领域（DiMaggio & Powell，1983）。这是一种联结成网络的关系系统和认知文化系统，一旦场域形成，在同一组织场域中的组织共享信息和观念，并接受治理系统的约束。同构是场域内制度化的结果，来自于强制、模仿和规范压力使得组织趋于相似（DiMaggio & Powell，1983）。而制度的演化则需要通过制度创业进行去结构化和经历再结构化的过程（Scott，1995）。根据组织场域的观点，企业的结构和战略行为会受到其所在场域的制度力量的影响，而遵守的好处是取得合法性、促进资源交换和降低不确定性。

总体看来，与新制度经济学的理性系统不同，组织社会学的新制度主义将企业看作是有机的社会化组织，受来自场域的规制、规范和认知等制度要素的约束，特别强调认知在整个社会建构中的意义。企业的战略选择是追求合法化的结果，并非理性地以利润最大化为目标。组织场域成为战略研究的分析单位，也为组织的相似性和差异性提供了解释。

3.1.3　制度基础观

如上文所述，早有研究讨论制度对战略的影响。然而，这些研究都是基于西方发达的市场经济为背景，制度在多数情况下被认为是一种背景条件。战略管理研究更多地是以产业和资源为基础的理论展开分析。新兴经济的崛起促进了制度理论的发展，使得基于制度的战略观成为战略研究的主流理论（吕源和徐二明，2009）。最早系统地建立以制度为基础的战略理论源于彭的研究。彭和希思于 1996 年开发了一个针对转型经济情境下的企业增长战略模型，探讨了制度与组织的交互作用。随后彭于 2002 年明确提出了基于制度的战略观，将制度视为企业战略和绩效的重要影响因素，并将其与产业基础观和资源基础观并列为新兴经济体中的战略三角。

　　转型经济体的制度转型和变化引起了学者们对制度的重视。基于产业的战略理论强调的是产业状况和竞争环境，缺乏对历史和制度环境的考虑；基于资源的战略理论忽视了情境因素，资源的某些特质在其他情境下可能不再存在。因此，转型经济体的发展和传统理论的局限促使基于制度的观点出现（Peng et al.，2009）。彭（Peng，2003）提出了转型经济体下企业战略选择的一般模型（见图3.1）。该模型从交易成本的角度考虑，认为随着制度向以规则为基础的契约结构转移，企业的战略也从以网络为中心向以市场为中心转变。而在整个过程中，两种交易结构同时存在，企业选择哪种战略则依赖于两种交易机制的博弈。

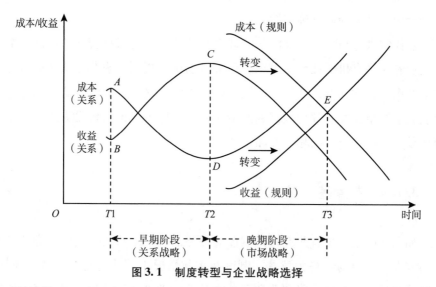

图3.1　制度转型与企业战略选择

资料来源：Peng（2003）。

　　对新制度主义而言，经济学强调效率（North，1990；Williamson，1985），社会学关注合法性（DiMaggio & Powell，1991；Scott，1995）。制度基础观则对这两种理论进行了整合，借鉴更多的文献来检验制度对战略的影响问题

（Peng，2002）。在此观点中，制度包括正式和非正式约束。其中：正式约束包括政治规则、司法判例、经济合约，指的是规制型制度要素；非正式约束包括行为的社会制裁规范、文化和意识形态，指的是规范和认知制度要素。当正式制度失效时，非正式制度开始发挥减少不确定性的作用并且代替正式制度继续为组织提供稳定性。

制度基础观的核心思想是将制度作为自变量，关注制度与组织间的动态互动，并认为企业的战略选择和绩效是这种互动的结果（Peng，2002，2003）（见图 3.2）。制度框架与组织的相互作用为选择可接受的和可支持的战略提供了方向，最终制度为组织减少了不确定性。更准确地说，战略选择不仅被传统战略研究所强调的产业状况和企业的资源所驱动（Barney，1991；Porter，1985），而且是决策制定者面对的特定制度框架的正式和非正式约束的反映（Oliver，1997；Peng，2002）。制度基础观的成立存在两个核心的命题（Peng et al.，2009）。第一，管理者和企业在给定的制度框架中的正式和非正式的约束下理性地追求利益和做出战略选择。第二，当正式约束不清晰或者失效时，非正式约束在为管理者和企业减少不确定性、提供指导和授予合法性和报酬上扮演更重要的角色。

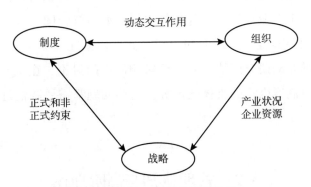

图 3.2　制度、组织与战略选择

资料来源：Peng（2002）。

制度基础观认为，正如迪马乔和鲍威尔（DiMaggio & Powell，1983）所认为的，同构化使得同一制度下的企业趋于相似性，不同制度框架下的企业呈现差异性（Lin et al.，2009）。制度通过规定行为的合法性和可接受程度，以及限定行动的范围来影响企业的战略。企业若要生存和发展，其行为必须要符合正式和非正式的约束。而制度的限制也往往决定了企业的范围。不仅是对战略行为有深刻的影响，制度压力也解释了企业绩效的差异。特别是对于跨国企业而言，选择何种进入战略以及能否取得成功取决于东道国的制度环境。制度与组织的交互作用说明不单单是制度影响组织，组织也能够主动地影响制度的发展和演化（Oliver，1991）。

总体来讲，制度基础观是一种新的战略范式，大大推动了战略研究的发展。它将作为背景的制度因素引入到战略模型中，很好地解释了企业战略和绩效差异的问题，为新的全球化竞争环境下的战略选择提供了有效的分析框架。需要说明的是，虽然新兴经济的发展促进了基于制度的基础观的产生，但是制度基础观同样适用于发达经济体，可能在新兴经济体中更为显著和重要（彭维刚，2009）。发达经济体和新兴经济体之间显著的制度差异促使学者们除了关注产业状况和企业资源外，更多地考虑了制度因素。

尽管制度基础观表现了重要的理论价值和意义，但是还有许多问题没有解决：制度究竟如何影响企业的战略和绩效，其内在机制是什么？在动态的制度变化中企业的战略行为如何选择？如何解释同一制度环境下企业战略和绩效的差异性，即产业和组织等其他因素在多大程度上发挥作用？制度与组织的互动研究尚缺乏对组织影响制度的讨论，在特定战略和绩效问题中缺乏对制度因素的具体化研究。这些问题都需要我们进一步地讨论和检验。

3.2　管理认知与高阶理论

战略选择直接影响企业绩效，对企业的生存和发展至关重要。战略选择的影响因素是战略选择理论的关键问题。制度学派将制度视为自变量，正式和非正式的约束显著地决定处于新兴经济体中的本国企业和外国企业的战略和绩效（Peng，2003）。按照此观点，同一制度下的企业应该具有相同的战略选择，然而现实情况并非如此。制度与战略的关系受哪些情境因素的影响？制度基础观并未对这一问题进行很好的解决，这是由于该理论假设企业和管理者是在制度约束下进行理性选择。在认知学派，学者们把战略视为战略家的认知视角，企业管理者的管理认知模式影响其对环境的感知从而影响企业的战略选择。企业是一个复杂的系统，在充满复杂和不确定的环境中制定战略决策不能忽视高层管理者的作用。

3.2.1　管理认知

基于新古典经济学的企业理论认为，企业是完全理性的，并假设信息对称、零交易费用，因而企业是同质的和确定性的。这样追求一般均衡的效用最大化显然是与现实脱节的。奥地利经济学派代表学者米塞斯认为，人的确从事有目的的行动。社会科学的解释必须从行为者的主观心理状态出发，认真对待情境和理解的作用。企业所有的决策都是以排序方式为基础的，而无法用数学计算所得。而哈耶克的知识分工理论也强调，正是由于知识是分散的，人的有限理性是必然的。米塞斯－哈耶克范式下，市场是人类自愿合作的制度，是一个认知工具。奥地利学派强调企业家是市场的主角，企业家的发现和创新推动了市场的发展。在早期的战略研究中，围绕组织环境与战略的关系，部分学派强调环境对战略的决定性作用，而忽视了组织的能动性（何铮等，2006）。例如，种族生态学派、结构－行为－绩效框架等观点都忽视了人类的感觉、知识和计划，然而并不能有效解释现实情况和理解企业行为的意义。

在战略管理研究中，多个理论学派基于有限理性的考虑突出了决策制定者在战略决策制定过程中扮演的重要角色。权变理论认为，组织战略与环境的匹配依赖于企业管理者对环境的正确认知（Lawrence & Lorsch，1967）。战略选择理论认为，决策制定者在塑造组织环境和战略选择的过程中通过认知框架而产生独特的作用（Child，1972），强调高层管理者的主动性和自发性。企业行为理论认为，企业的管理者在决策时会充分考虑自己的利益，分配各种资源以达到最大化个人目标（Cyert & March，1963）。高阶理论认为，战略的选择是高层管理人员对战略情境进行高度个性化阐释的结果（Hambrick & Mason，1984）。尽管基于不同的视角，但是都强调了企业管理者在环境与战略关系中的能动性的作用。

　　基于有限理性，决策制定者不能完全了解环境，只能在认知能力和可得信息的范围内寻求最优的路径。管理认知是一组知识集合和管理者的心智模式（Walsh，1995），是管理者关于商业如何运作的简化的知识结构和信念（Zou & Gao，2015；和苏超等，2016）。管理认知为决策制定者提供了解读情境或事件的组织原则，是一种信息过滤器，也是一种处理问题的模式。在管理实践中，决策者将自己的认知与集体的主导认知框架进行整合而开发出对环境的主观表征，进而驱动战略选择和行为（Nardkarni & Barr，2008）。不同的决策者具有不同的认知结构，生成了对相同环境的不同解释，进而导致了不同的战略响应（Kaplan，2008）。

　　管理认知被认为是环境与战略之间关系的中介变量。此观点来源于对战略选择的产业结构和管理认知视角的整合（Nardkarni & Barr，2008），以弥补产业结构观对有限理性和认知局限的忽视，以及认知观对环境因素的忽视。根据战略选择理论（Child，1972）和高阶理论（Hambrick & Mason，1984），高层管理者对环境的主观表征帮助定义了企业的战略议题。而这个信息的处理过程或者主观表征主要有两种形式：注意力焦点和环境－战略因果逻辑。基于注意力观点，高管由于有限的认知能力无法接受全部的信息而只能选择性地注意。这样，高管所注意到的环境事件就可能会进入到企业的战略日程中。环境－战略逻辑是对感知到的外部环境与企业战略之间的因果关系的整理。因果推理是决策制定的关键基础（Fiske & Taylor，2013）。在决策的制定过程中，高管将各种环境和战略概念以一种因果的方式联系起来并形成这样的一种信念。而这些对环境－战略关系的原因－结果的信念涉及了具体的战略议题，并影响对战略议题的解释和战略行动的

发起（Barr & Huff，1997）。总的来说，高管对环境的主观表征介入了环境
与战略之间的关系。

由于每个企业家的基因、经历和教育不同，企业家具有不同的管理认知
模式，对同一信息的理解和整合不同，因此决策存在差异。然而对管理认知
模式类型的研究零星，尚没有统一的定论。盖伦（Gallén，2006）运用迈尔
斯－布里格斯类型指标（Myers-Briggs type indicator，MBTI）性格测量方法对
认知类型进行组合分类，并与迈尔斯和斯诺（Miles & Snow，1978）提出的
防御型、勘探型、分析型、反应型战略进行匹配，认为直觉型企业家倾向于
勘探型或分析型战略，感觉型企业家倾向于防御型或分析型战略。关于特定
的管理认知模式，米切尔等（Mitchell et al.，2002）提出了创业认知模式，
个体的感知和解释风格、信息获取和决策风格对创业决策存在显著影响。进
一步地，个体存在直觉式和分析式两种基本认知模式，而成功的创业者大多
采用直觉式认知模式（Allinson et al.，2000）。

对于中国转型情境下的企业家而言，熊泽（2012）将中国企业分为国有
背景的企业和私营背景企业两类，认为两类企业的企业家心智存在差异，分
别是低竞争水平与高竞争水平心智模式，进而造成了两类企业不同的市场行
为。邹国庆和王京伦（2015）认为，在中国转型经济情境下，企业家一方面
接受改革开放带来的市场经济思想和先进的管理知识，另一方面又深深带有
民族文化的印记，从而形成了创业导向和关系导向两种管理认知模式。邹和
高（Zou & Gao，2015）认为，在中国企业家中，还存在一种市场导向认知模
式。拥有市场导向认知模式的企业家主要采取通过各种营销手段来获取竞争
优势的市场导向战略。

管理认知具有制度特性。每个企业家个体和企业都嵌入整个社会环境中。
企业家的认知结构是在适应不断变化的制度环境中形成的。当企业需要取得
所处环境的利益相关者的认可时，制度环境的规制、规范和认知方面的合法
性则塑造了企业家的管理认知而促使其实行某种战略（周雪光，2003）。作
为一种内化的知识和信念体系，管理认知是场域中规制、规范、文化－认知
等因素内化的结果（尚航标和黄培伦，2011）。也就是说，场域中的制度

因素是企业家管理认知形成和变化的基础，因而管理认知带有制度特性
（见图3.3）。这些复杂的制度要素通过为企业家提供认知、信息、规范等内
容引导、激励或者约束企业家的思维方式和行为模式。在此过程中，企业家
个人的偏好、知识和个性影响规制、规范和认知等制度要素内化于企业家的
管理认知模式，并最终体现在企业的战略决策中。

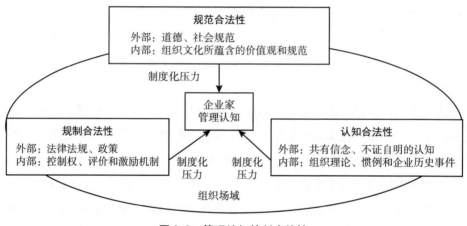

图 3.3　管理认知的制度特性

资料来源：尚航标和黄培伦（2011）。

　　管理认知在环境 – 战略关系中的作用以及管理认知的制度特性为揭开制
度环境作用于战略选择的内在机制这一"黑箱"提供了启示。对于制度基础
观中的企业在制度约束下理性地追求利益的假设，管理认知观从有限理性的
视角引入了企业家的管理认知模式而放松了此假设，并有效解释了制度环境
对战略选择的作用机制问题。对战略起作用的并不是制度本身，而是企业家
对制度的感知，是客观的制度环境作用在企业家认知模式上的结果。正式制
度（规制）和非正式制度（规范和认知）通过激励机制、合法性奖惩机制和
偏好塑造的力量（Dimaggio & Powell，1983），影响着企业家的管理认知模式
和制度逻辑，而企业家根据其有限的管理认知能力和偏好对制度环境做出解
读，并制定相应的企业战略决策。因此，企业的战略选择是制度和企业家因

素共同作用的结果。这也解释了为何在同一制度环境下会出现战略的差异化，以及在复杂的制度环境下企业如何进行战略选择的问题。为此，一些学者开始将制度基础观与管理认知观进行整合（尚航标和黄培伦，2011），以对企业的战略选择有更好的解释。

3.2.2　高阶理论

复杂的决策很大程度上是行为因素的结果而不是经济最优的理性选择。管理研究提供了大量的证据表明高层管理者的心智模式具有异质性并且影响战略选择（Gary et al.，2012）。在战略管理认知学派，汉布瑞克和梅森（Hambrick & Mason，1984）开发的高阶理论是战略决策的研究主题之一。高阶理论的核心是，高层管理者会对其所面临的情景做出高度个性化的诠释，并以此为基础采取行动，即高层管理者在行为中注入了大量本身具有的经验、性格、价值观等特征（Hambrick，2007）。高阶理论是基于有限理性假设而建立的（Cyert & March，1963）。信息的复杂性和情形的不确定性无法被客观知晓，而仅仅是可解释的。若要理解企业的行为方式和表现结果，必须要考虑最有权力的高层管理者的偏见和假设。实际上，将高层管理者的个人偏见转化为其行为的机制是一种信息筛选过程。因此，高阶理论从根本上来说是一种信息处理理论，它提供了一种系统诠释高层管理者如何在有限理性的情况下采取行动的途径。

图 3.4 是企业在高层管理者有限理性情况下的战略选择模型。战略情境是高层管理者所面对的存在于组织内外的各种事件、趋势和条件，其数量远远超过高层管理者所领会的范围。高层管理者面对战略情境，以高层管理者的知识结构和信念为基础，通过三个步骤的信息筛选过程，最终产生高度个性化的诠释现实，并作出战略选择。

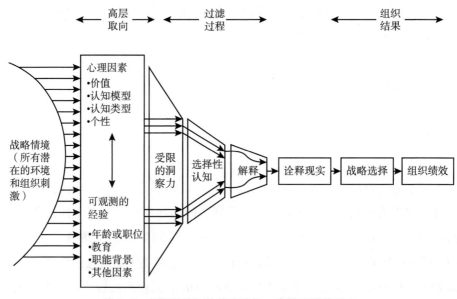

图 3.4　有限理性下的战略选择：高管诠释的现实

资料来源：Hambrick & Mason（1984）；Finkelstein & Hambrick（1996）。

第一步，高层管理者的知识和信念影响其洞察力的范围，高层管理者的视野是有限的，即高层管理者无法考察环境和组织的各个方面。第二步，在有限的洞察力范围内，高层管理者有选择性地感知现象。受自身经验、情感和价值观的影响，个人对事物的知觉带有明显的选择性特征，认知受到进一步限制，只能是他所观测到的一部分。第三步，高层管理者对自己所注意到的刺激进行诠释，或赋予意义。最终，高层管理者对现实做出了高度个性化的诠释，并据此做出相应的战略决策。在整个筛选过程中，心智模式起着基础性和决定性的作用。所以，对于某个特定的情境，心智模式不同，对现实的诠释不同，做出的选择也就不同。

在信息的接收、选择和解释的过程中，高层管理者经常利用过去的学习或经验中的类似情况来作出战略选择（Gavetti et al.，2005）。而这种根据先前相似情况的知识来进行推断的方法叫作类比迁移（Gary et al.，2012）。当出现新的问题与信息时，高层管理者会识别其主要特征，然后回顾以前所遇到或听到的情况，搜索熟悉的相似经验和策略来进行类比推理，从而做出解决当前问题的策略。类比迁移可以形成对战略问题的定义，减少复杂性和不确定性，并产生新的见解。但是，它也会误导决策者对新的问题产生过分简单化或错误的认识。

高阶理论强调人口统计学特征作为认知结构的代理变量，这是由于：高层管理者的认知基础、价值观和感知不方便测量或者难以直接测量；一些人口统计学特征（如任期和职能背景）并没有相近的心理上的类似物；在管理人员选拔或发展和竞争者分析中，对高阶理论的应用最终需要管理者的可观测的背景数据。尽管人口统计学特征可能会丢失一些真正驱动高管行为的心理和社会过程，但是有大量证据表明高管或者高管团队的人口统计学特征与战略和绩效结果高度相关（Hambrick，2007）。而且，一些研究者发现，心理和社会的过程会中介高管的人口统计学特征与行为的关系（Simons et al.，1999），也证明了人口统计学特征有重要的解释作用。

高阶理论中所涉及的人口统计学特征主要有年龄、任期、职能背景、教育水平、工作经历等（Dalziel，2005）。年龄反映了高管对现状的认同，学习、记忆和理解能力，心智和体力以及风险承担倾向。年轻的高管更倾向于新奇的和具有风险性的战略。任期反映的是高管的知识和信息搜寻的宽度，以及团队关系和企业间的网络强度。通常，组织任期长的高管更加保守和很少采取产品/市场创新，而职位任期越短，高管会倾向于采取短期战略来实现考核目标。职能背景能够表明高管的专业知识和在评估战略议题时关注的活动和目标。职能背景可以分为产出型职能（营销、产品研发）、生产型职能（会计、生产、过程管理）、外围型职能（法律、融资）（Hambrick & Mason，1984）。拥有产出型职能背景的高管更倾向于投资研发和产品创新战略。教育水平可以衡量高管的知识或技术基础、信息处理能力和解决复杂性的技巧，而教育类型则表示高管解决问题的方法、心智模式和价值观。多数研究认为，在某些特定的行业，教育水平越高，企业的研发强度越高。工作经历则可以用来指示高管所拥有的特定的认知和情感。如果高管有从事创新的工作经验，其会带领企业进行创业努力。

高阶理论的另一主要观点认为，高层管理团队比高管个人能更好地解释企业的战略和结果。在复杂的组织中，领导力是一个共享的活动，集体的认知、能力和团队成员的交互影响嵌入战略行为中。相对于高管个人（CEO），整个团队具有更高的决策质量和管理效能。因此，高管团队的人口统计学特征对企业的战略行为和绩效结果有更强的解释力和预测力。高管团队的研究主要包括高管团队的组成、过程、动机和结构（Hambrick，1994）。然而，高层管理者或者高管团队并不是在任何情况下都能够发挥重要作用或者影响力大小不一，而且很多实证研究得出了不一致的结论。为此，发展的高阶理论引入了管理自主权和高管团队的行动一致性作为调节变量以提高预测力。

总之，高阶理论由于其基于有限理性和行为理论强调高层管理者的认知和人口统计学特征对企业的战略选择和绩效结果的重要影响，因而被广泛应用于战略管理研究中。中国的高阶理论研究主要是从高管团队的特征入手讨论企业的战略和绩效问题。然而，高层管理团队的适用性是以成熟的公司治理制度为基础，战略选择是整个高管团队做出的决定而并非 CEO 个人。在中国转型情境下的企业中，高管团队往往并不是企业战略的决策中心。由于市场机制的不完善、产权制度不明晰、公司治理体系不健全，企业战略更多的是由最高领导者决定（Wei & Ling，2015）。因此，研究中国企业的创新问题需要高度关注高层管理者个人的特征对企业战略的影响。

3.3 中国情境下的制度、企业家与战略选择

由高速增长阶段向高质量发展阶段转型升级是当下中国企业所面对的最显著的情境。经济转型升级不仅体现为经济体制、政治和社会的改革，中国传统的文化和认知也构成了企业生存的独特经济环境，这些变革相互交织、相互影响，从而导致制度环境变得更加复杂。面对制度复杂性，企业基于感受到的激励和约束做出了不同的战略选择。而在企业的决策过程中，企业家扮演了重要的角色。企业家的管理认知介入了制度环境作用于战略选择的机

制。因此，对于中国企业的研究要充分考虑中国的具体情境，即考虑制度、企业家等因素对战略选择的影响。

3.3.1 情境化研究

当今，组织研究的领域越来越国际化，工作和工作情景的快速多样化使得现有理论的适用范围面临挑战（Rousseau & Fried，2001）。虽然西方的管理研究是学术界的主流，但是现有研究表明这些基于西方情境的理论很难适用于其他的社会情境（Tsui，2006）。任何一种理论都有其成立的条件和假设，即存在一定的适用范围。作为一个开放性的系统，组织的行动深受情境的影响，正如战略管理研究的核心便是分析环境与战略的关系。管理和组织理论的非通用性要求明确理论的边界条件（Tsui，2006）。

所谓情境化（contextualization），是指将研究置于一定的情境中，即在对现象进行描述、解释和理论化时应当考虑现象所处的情境（Tsui，2006）。情境是一个复杂的系统，不仅是企业所利用的环境机会和所受到的限制，还包括个体层次上的认知（感知、思考过程、信仰体系、语言习惯）、机构层次上的角色关系的组织方式（具体实践、象征建构；国家、经济、家庭、教育、科学）、社会层次上的信念和价值观，以及各种意外情况（战争、灾难、重大发现、革命）。并且，情境是动态变化的，具有与组织系统共同演化的特性。

何为情境化研究？现有的管理研究中，常见的情境化形式是将组织所在国家的经济、政治、文化、社会等因素作为自变量或调节变量来分析对组织行为和特征的影响（Cheng，1994；徐淑英和张志学，2005）。徐（Tsui，2004）将此类研究称为嵌入情境研究，是以现有模型为出发点在新情境下进行检验。而特定情境研究是以新情境的现象驱动的本土化研究，用蕴含于情境的特性进行解释，最终是开发该情境特有的概念和理论。更为具体地，按照情境化程度的高低，情境化研究可以分为情境不敏感、情境敏感和情境特定三种类型（Jia et al.，2012）。情境不敏感研究是借用或者采用现有的概念和测量、复制现有的关系、使用没有情境条件的逻辑；情境敏感研究是将现有的概念置于新的情境中、发现现有关系在新情境中的边界和机制、描述情境中的现象或者调整外来的概念以体现情境的特征；情境特定研究是寻找新情境中的新概念、发现关系中情境独特的边界或者中间机制、引入新兴情境的逻辑来建立关系。情境不敏感研究和情境敏感研究在本质上是一种理论借用模式，将西方的理论应用于新的情境，是一种低程度的情境化。情境特定研究则是一种理论启发式，以现象为出发点，阐释嵌入情境的理论逻辑，是一种高程度的情境化。

情境化研究的一个典型例子是基于制度的战略观的产生。在西方发达经济体中，制度通常作为一个给定的外生变量，产业、资源、能力、知识等因素被认为是企业竞争优势的来源。随着新兴经济和全球化经济的快速发展，制度因素的重要性逐渐得到关注（Peng，2000）。制度转型成为新兴经济体最显著的情境，无论是对本国企业还是国际商务，制度因素在企业战略决策中的重要性凸显。由于基于产业的战略观和基于资源的战略观以发达经济体的市场、经济和文化为研究背景，因此在研究新兴经济国家时除了考虑产业和资源外，需要更多地考虑制度方面的差异（Makino et al.，2004）。

中国情境，一方面是指影响企业及其运营的具有独特的制度、经济、法律环境的区位，另一方面是指超越地理边界的文化因素，是影响来自不同文化背景的员工间交互的一种行为模式、信念、假设和价值观（Li & Tsui，2002）。中国情境下的研究则是以位于中国的本土企业和跨国企业为研究对象的研究（Li & Tsui，2002）。中国社会的历史沿革、文化、经济发展与西方世界有很大差异，而管理实践也具有独特的现象和哲学。目前中国管理与组织的情境化概念有：中国式现代化、市场转型、组织势、差序格局等。中国的情境化研究就是需要将这些元素应用到管理与组织研究中，其中，一个重要出路是理解制度环境的复杂性和持续改变。

当下，由高速增长发展模式向高质量发展模式的制度转型给企业带来了双重的运营逻辑。一方面，不断完善的市场化、法治化和国际化的制度环境激发了市场经济的自由竞争概念，使企业更加重视创新和可持续发展；另一方面，与高质量发展相匹配的创新体制机制仍不健全，部分企业仍追求规模和速度的扩张，对长期可持续发展和创新能力的培养可能相对不足。双重制度报酬结构导致了企业家选择不同的战略。并且，在这种动态的制度环境和中国传统的儒家文化情境下，企业家的作用非常突出。在企业创新研究中，资源基础观、产业基础观等理论并不能很好地解释中国的创新现状，而从制度和企业家入手分析是充分考虑了中国情境的研究。因此，本书将引入转型的制度环境、企业家、战略等变量进行关于企业创新的嵌入情境研究。

3.3.2 中国情境下的企业战略选择

3.3.2.1 转型经济特征

制度转型是影响组织的正式和非正式的游戏规则的基础性的和综合性的改变（Peng，2003）。已有研究认为，转型经济是指从计划经济体制向市场经济体制的转变过程中，不断进步的经济体制、逐步放开的行业管制以及重塑的文化认知，共同构建出一种独特的经济环境（何铮，2006）。中国的社会主义市场经济体制在不断完善，正处于从高速增长发展模式向高质量发展模式转型的阶段（张涛，2020）。

高速增长发展模式主要侧重于追求经济增长的速度和规模。在这一模式下，经济通常以较高的速度增长，产业形态上呈现出从低级向中级、高级不断攀升的特征。然而，这种发展模式往往伴随着资源消耗和环境压力等负面影响。高质量发展模式则更加注重经济增长的质量和效益，强调创新、绿色发展和消费对经济增长的贡献。高质量发展要求树立"创新是引领发展的第一力量"的理念，深化科技教育体制改革，鼓励大众创业、万众创新，加强知识产权保护，在全社会形成"大众创业、万众创新"的良好氛围。同时，高质量发展也注重消费对经济增长的拉动作用。

在高速增长模式阶段，政策导向往往以经济增长为核心，重视短期的经济成果和规模扩张。制度环境更加倾向于政府主导和干预，市场机制的调节作用有限，并且相对封闭和保守，对外开放程度较低，限制了外部资源和先进技术的引入，也影响了创新能力的提升。在高质量发展模式下，制度环境更加注重激发市场活力和社会创造力，减少政府对市场的过度干预，为市场主体提供更加公平、透明的竞争环境，同时更加注重长期可持续发展和灵活开放，是一种以规则为基础的制度环境。由于转型升级过程中的多变性、政策协调的复杂性、不确定性和风险的存在，导致两种制度结构并存。

在这种不断转型、充满不确定和复杂性的制度环境中，企业家的作用更加凸显。企业家不仅通过对制度环境信息的处理做出决策以适应制度，而且能够主动地改变游戏规则和影响制度的演化（DiMaggio，1988）。

中国的经济转型具有独特的情境。从现实角度讲，在经济、政治和社会的深度变革下，社会主义市场经济体制的不断完善实现了经济的增长，但是市场化、法治化水平仍需进一步提高；有为政府和有效市场的有效结合还需加强；不同区域的转型程度具有差异性而存在制度距离；企业也存在创新意愿和创新动力不足的两难选择。从历史演进角度讲，中国的传统文化和认知将长期地发挥重要影响，中国企业往往不是简单的经济动物，它们的合法性与社会身份受到儒家价值观所倡导的诸多非理性和非经济技术因素的影响，例如，互惠等（余菁，2023）。这两种视角综合构成了中国的制度情境（李垣和田龙伟，2013）。

可见，在中国转型经济情境下，虽然强调全面协调可持续发展、市场化和法治化建设以及开放包容的市场竞争机制被很多企业所遵循，但以注重短期经济增长和政府主导的制度一定程度上仍在发挥作用，因此，企业将在相当长的时期内适应复杂的制度环境。基于西方制度情境而开发的理论无法适用于转型经济体的企业研究。尽管诸如企业成长理论等一些西方主流管理理论能够提供很多提示，但是并不能充分和正确地解释所有问题。这启示我们，中国的企业研究需要高度关注转型经济的情境，需要充分考虑到中国的文化和认知因素。

3.3.2.2 中国转型经济下的制度、企业家与战略

高速增长发展模式向高质量发展模式的转变使得企业管理的基本假设、决策和行为标准均发生了改变，企业必须要采取相应的战略来适应制度环境的变化（Oliver，1991）。在社会主义市场经济体制不断完善的过程中，新旧制度共生的复杂制度结构为企业提供了不同的激励和约束而导致了不同的战略选择（邹国庆和王京伦，2015）。具体而言，由于市场化程度的不断提高而产生的创新激励促使企业形成对创新战略的偏好；而知识产权保护制度的有待完善、要素市场发育不足等会为创新带来风险而诱使企业采用规模扩张战略或低成本战略来应对市场竞争（卢现祥，2020）。

面对复杂的制度环境，企业如何做出战略选择？而面对同样的制度环境，为何企业做出了不同的战略选择？根据管理认知视角和高阶理论，企业家在战略过程中扮演了重要的角色（Nadkarni & Barr，2008；Hambrick & Mason，1984）。企业家对制度环境进行感知和解读，并总是注重与问题相联系的实效的行动，通过自己独特的认知模式进行描述、归因和预测，并据此做出决定。制度环境通过企业家的管理认知模式（心智模式）作用于战略决策。然而由于有限理性，企业家的认知能力存在一定的局限。有限的认知能力与制度辨识中的不确定性相结合，共同塑造了决策的模式与程序。企业家认知模式形成的一个重要来源是制度的塑造。企业家的管理认知必然带有社会制度的特征且根植于民族文化中（邹国庆和王京伦，2015）。在由高速增长发展模式向高质量发展模式的转型中，企业家一方面更加注重企业的可持续发展和长期价值创造，但另一方面又深受过去追求短期市场份额和利润增长的思维影响，从而形成了长期价值导向和短期利益导向两种管理认知模式。

面对相互冲突的高速增长和高质量发展两种激励结构，企业家对制度环境所发出的信息存在认知差异，并基于企业目标理性地选择战略。一旦基于某种心智模式的战略选择获取了收益，该种激励结构存在报酬递增，会加强企业家对此战略的确认，如此积累便会强化企业家的该种心智模式。而如果激励结构存在报酬递减，此结果反馈给企业家会促使其改变策略并引起心智

模式的调整和修正。制度环境的激励或者约束通过企业家的心智模式而影响企业的战略选择。因此，在面对复杂的制度环境时，如果企业家凭借其长期价值导向认知模式感到更多的创新激励，则会倾向于选择创新战略；相反，如果企业家在其短期利益导向认知模式下重视短期的市场份额和利润增长，则会倾向于选择规模扩张战略。企业的战略选择是制度和企业家共同作用的结果。

可见，企业家在制度与战略的关系中具有关键的影响。企业家管理认知的形成不仅会受到社会环境的影响，而且与其先天禀赋、个性偏好、教育背景和工作经验等有关（Sun et al.，2017）。诺斯（North，1990）对此解释道："人类的基因特征提供了心智的初始建构；心智与文化遗产和个人经验之间的相互作用形塑了学习"，照诺斯看来，基因、文化遗产和个人经验，便构成了人类学习的"三个来源"。而认知模式一旦形成，企业家将自觉或不自觉地按照某个固定的角度去认识和思考问题，并用习惯的方式进行解决。在转型期，传统文化和现代思想的碰撞会由于企业家个体的经历、教育、个性等因素而表现出差异性。因此，为理解企业家管理认知对制度和战略关系的影响，有必要分析企业家特质在这一过程中的作用。

改革开放使东西方经济、文化、思想互相碰撞，市场环境错综复杂，部分企业家仍束缚于计划经济思想及传统观念的影响，惯有的认知模式使他们逐渐落伍，但是也涌现出一批紧随时代潮流、不断开拓创新的企业家。在当前中国经济转型升级的情境下，企业家们进行着不同的解读并采取了不同的战略。

总之，制度与企业家和组织间产生交互作用。它们通过示意哪种选择是被接受的和决定哪种规范和行为是社会化的而影响个体的决策，同理，制度通过规定哪些行动是可接受的和被支持的而影响组织的行为（Aldrich & Fiol，1994）。制度和文化作为重要的因素之一塑造了企业家管理认知模式的形成，反之，企业家对制度环境的感知也介入了制度对企业战略选择的作用。并且，企业家认知模式的修正会影响制度的演化。转型经济体的制度转型为制度、企业家与战略选择视角的整合创造了机会，也是解释中国情境下企业战略问题的重要出路。

3.4　研 究 框 架

经过第 2 章的文献综述可以看出，制度环境对创新绩效的作用机制研究有待于进一步深化，为此本书尝试通过引入中介变量和调节变量来对这一机理做出解释。根据制度基础观，制度通过激励或者合法性约束很大程度上决定了企业的战略选择，而企业的战略成功与否则直接关系到企业的绩效结果。沿着"制度 – 战略 – 绩效"的研究逻辑，可以得到"制度环境 – 公司企业家精神 – 创新绩效"的概念模型。制度环境的规制、认知和规范维度影响公司企业家精神战略的制定，而公司企业家精神作为一项战略选择，则直接影响创新的结果。因此，规制环境、认知环境和规范环境通过公司企业家精神间接影响创新绩效。

制度基础观的一个假定为企业的战略选择是管理者在制度环境下做出的理性选择，暗示着同一制度环境下企业采取相同的战略决策。然而，这种假定忽视了管理者的认知模式在其中扮演的角色。根据管理认知和高阶理论，管理认知是环境与战略之间关系的中介变量，而管理认知的形成和差异与管理者的个人特质有关。管理认知具有制度特性，企业家个人的偏好、知识和个性影响规制、规范和认知等制度要素内化于企业家的管理认知模式，并最终体现在企业的战略决策中。因此，企业家特质通过影响企业家对创业制度环境的感知而影响公司企业家精神战略的制定。也就是说，企业家特质对制度环境与公司企业家精神的关系产生调节性的影响。

高阶理论的局限是以人口统计学特征来代替心理特质和价值观。本书试图从心理特质和人口统计学特征两个角度来探讨企业家特质对战略过程的影响。总结已有的企业家特质研究，自恋和职业经历在创业研究和战略研究领域受到了广泛的关注。企业家的自恋倾向，以及职业经历所表现出来的知识结构和价值观对公司企业家精神战略的制定过程的影响更为突出。企业家自恋倾向越高，其对创业制度环境的认知更加乐观和积极响应，更倾向于采取公司企业家精神战略；企业家如果具有国外企业的工作经历，在对创业制度环境进行解读和认知中更容易接受市场机制，从而公司企业家精神水平越高。

根据以上分析，在制度环境与企业创新绩效的关系中，公司企业家精神起中介作用，企业家自恋和企业家职业经历起调节作用和调节中介的作用。据此，本书提出理论模型，如图 3.5 所示。

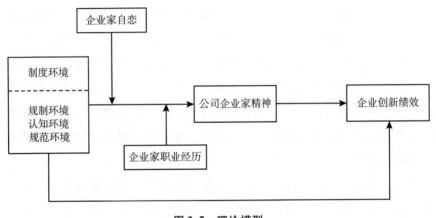

图 3.5　理论模型

3.5　研 究 假 设

3.5.1　制度环境与创新绩效

将制度环境作为创新绩效的重要解释变量的研究可以追溯到鲍莫尔的企业家才能配置理论。关于经济增长，熊彼特（Schumpeter，1934）认为创新是破坏原有的均衡而实现更高层次的动态均衡，是经济增长的源泉。企业的持续利润和发展要最终依赖于通过创新所获得的绩效。然而，熊彼特的创新理论假设企业家都从事创新性活动，忽略了企业家才能的配置问题。鲍莫尔

（Baumol，1990）提出一个扩展的熊彼特模型，企业家从事生产性活动还是非生产性活动来实现利润增长取决于社会制度支付的相对报酬。他认为，无论组织还是个人都有创新的本能，只是这种创新的意愿和能力会因政府的过度干预、知识产权保护的缺失、行政效率的低下等制度因素受到限制并被引致到非生产性活动。制度结构决定了不同活动的报酬率，而企业家根据此相对报酬而选择的创新活动或者非创新活动构成企业绩效的来源。因此，经济增长的发动机最终来源于制度规则，而企业的创新绩效根源于能够决定企业家配置于创新活动的制度报酬结构。

新制度经济学把制度作为内生变量引入到经济分析中，并认为制度是经济理论的第四大柱石。诺斯（North，1990）基于人类行为理论和交易费用理论论述了制度、制度变迁与经济绩效的关系。他认为，制度是人为设计出来的用以约束人们行为的正式和非正式约束。作为社会博弈的规则，制度限定了企业的选择集，并能够减少不确定性和交易成本。因为规则的设计往往是依从成本而定，其目的是实现参与者的私人利益。在经济活动中，制度通过影响生产和交换的成本而影响经济绩效，或者说，制度框架所蕴含的激励影响企业的行为选择和获利水平。激励是经济绩效的决定因素，而制度规定了激励结构，不好的制度安排会损害企业家精神和企业对创新的追求。正式规则包括经济、政治规则和契约。其中，经济规则界定了产权，而产权是一个企业实现价值创造的基石。例如，企业因缺乏明晰的产权制度而无法从根本上激励创新。契约则是某种交换的各项约定和条款，其功能就在于界定各方利益和顺利实现交换，只有完善的契约安排才能确保创新活动的顺利开展。不仅是正式规则，实际上，非正式约束、正式规则和实施特征一起共同决定企业的创新集合与绩效。从诺斯（North，1990）的制度理论来讲，制度的激励结构最终决定了企业的创新绩效。

经济学理论强调创新的产生和发展根源于制度结构所支付的报酬，不仅如此，企业的创新活动也面临合法性问题。组织社会学认为经济行动的本质是社会行动，因此将企业活动嵌入更广泛的制度含义中，不仅包括诺斯（North，1990）所提出的法律、政策等正式规则和规范、文化、习俗等非正式规则，还包括为人的行动提供意义框架的认知模式、象征系统和道德模板等（Hall & Taylor，1996）。企业的行为以及产生的结果必须要符合所处环境的合法性要求，才能够获得认可和支持。对创新而言，其本质是对原有的规范和规则造成破坏，所创造的新事物和新想法都在挑战着固有的规则和认知，企业必须要采取合法性战略来获取关键资源和维持运营而避免落入困境（Lu et al.，2008）。因此，合法性是企业获取创新利润和赢得成功的关键。

对于存在于多重环境的组织而言，其合法性的来源和形式也是多重的。斯科特（Scott，1995）提出了制度的三支柱模型，包括规制、规范和认知，概括了几乎所有的制度要素，为合法性提供了支撑。那些既获得法律、规则和规范机构的认可，又能获得文化认可，并且实施被认可的创新活动的企业更有可能存活下去。规制环境是支持企业新业务、减少创新风险的法律、规则和政府政策。有力的知识产权保护制度能够为企业提供创新激励，触发企业家精神反应机制，从而提高企业创新的积极性。同时，也有利于实现创新成果的经济价值和获取较好的绩效表现。新产品或新技术的出现需要符合相应的标准、规则和规范，这也是其能够投入市场赚取利润的基本前提。政府为企业的创新提供政策支持和资助也在一定程度上鼓励了企业家配置于创新活动，并为企业解决创新过程中出现的资金、资源等难题提供了一定保障。特别是在转型经济中，政府是影响企业的重要制度要素（Li & Atuahene-Gima，2001）。政府的支持不仅为企业带来创新和创业机会，而且能够降低风险和不确定性。

认知环境是人们拥有的关于创新和创业的知识和技能。它体现的是组织和个体对创新的理解和认知框架，包括创新信息的获取、解释和反应的整个过程。这种文化 - 认知提供了创新的思考和行为模式，并成为企业潜移默化的惯例。一个具有创新文化的环境必然会有较高的创新意识和创新能力，因而能够产生大量和丰富的创新成果。良好的认知环境为企业创新提供了基本的知识基础，并通过学习来促进创新活动的开展。

规范环境是社会中人们对企业家活动、创新思想的认可度和价值观。与规制环境不同，规范环境强调企业的创新过程需要服从社会的价值观和规范。

价值观是对创新的有价值的观念和对创新行为的评价标准。崇尚创新的价值系统更有利于企业创新满足社会的期待。规范则规定了企业如何进行创新，以及追求创新结果的合法手段。这时，一些社会组织通常扮演了重要的角色，为具体的创新现象提供了规范和监督功能。规范环境既为企业赋予了创新的权利，同时也施加了义务。企业的创新应服从社会的道德伦理，接受公众的评判并履行一定的社会责任。可见，企业的新产品开发只有符合社会规范和公众的认可，才能够在市场中立足并拥有良好的发展前景，才能够实现创新的目标和获取高额的利润。

总之，面对制度规定的游戏规则，企业只有符合规制、认知和规范合法性要求，才能发现创新机会和获取关键性资源，从而有助于创新活动的开展和创新绩效的提高。因此，根据以上理论分析，本书提出如下假设：

H1：规制环境对创新绩效具有显著的正向作用。

H2：认知环境对创新绩效具有显著的正向作用。

H3：规范环境对创新绩效具有显著的正向作用。

3.5.2 公司企业家精神与创新绩效

战略管理文献认为，战略的差异导致了绩效的差异。作为一种战略选择，公司企业家精神是企业为了适应环境变化，以创新为核心，通过创造性地整合资源而获取竞争优势的过程。公司企业家精神反映了企业的创新和创业的战略姿态，为企业的业务范围提供了目标和导向，直接影响企业的创新结果（Covin & Miles，1999）。根据战略导向的观点，公司企业家精神导向促使企业建立灵活松散的组织结构和支持创新的制度体系以及培育创新文化，从而为企业的创新战略活动提供支持和保障，有助于战略目标和创新绩效的实现。

对于战略导向影响企业绩效的观点主要来自于两种理论。一方面，资源基础观认为，竞争优势来源于企业独特的资源，即有价值的、稀缺的、难以模仿和不可替代的（Barney，1991）。企业的资源深深嵌入于组织惯例中而难以被模仿。根据资源基础观和一些研究（Zhou et al.，2005），公司企业家精神可以被看作是企业的战略资源，它反映了企业如何开展业务的哲学，并根植于一系列的指导企业追求卓越绩效的价值观和信念中。这些价值观和信念决定了企业的内部资源或者能力凝聚为一体并因此获取竞争优势。因此，具有创新性、风险承担性和先动性的公司企业家精神可以被看作是具有价值性、难以模仿的关键性资源，使企业能够开发成功的新产品和增强企业的创新绩效（Tang et al.，2015）。公司企业家精神成为企业获取竞争优势和卓越绩效的关键来源（Alvarez & Barney，2002；Kollmann & Stöckmann，2014）。另一方面，动态能力理论认为，随着环境的变化，核心能力会成为企业的核心刚性，而只有动态能力才能使企业能够有效地应对动态环境而持续地获取竞争优势。动态能力是企业整合、构建和再配置内外部资源的能力（Teece et al.，1997）。公司企业家精神是企业为不断适应动态的环境而进行创新的过程，它强调打破现有的平衡、创造性地整合各种资源、识别和利用各种机会，是一种动态的资源配置方式（Yiu & Lau，2008）。从这个角度讲，公司企业家精神可以看作是企业的一种动态能力，其针对环境变化而做出的创新性的反应成为企业的一种惯例和明确的流程。实际上，企业家精神是动态能力的微观基础，它所涉及的学习、诠释和创造性活动是动态能力的本质（Teece，2007）。因此，根据动态能力理论，公司企业家精神能够促进创新绩效的提高和有助于企业获得长期竞争优势。

公司企业家精神包括创新性、先动性和风险承担性三个维度（Miller，1983；Covin & Slevin，1991）。创新为企业提供了利用市场变化和机会的适应机制，以有效地应对技术变革、顾客需求的变化和缩短的产品生命周期（Zahra & Covin，1995）。企业可以通过对现有业务进行过程和结构的调节，以及新产品的创造和改善来提高创新成果和企业绩效。一方面，创新型企业可以更容易地发现和把握市场机会，并因此而不断地率先引入新产品和服务，从而满足和创造顾客的需求。另一方面，通过流程创新，企业可以除去昂贵的步骤，减少投入和增加有用性，实现价值链效率的提升。这样，创新活动既可以改善产品和服务的质量，也能够降低生产成本，双重作用下提高企业的绩效水平（Gunday et al.，2011）。另外，创新性还有利于企业培育创新文化和氛围，提高员工的创造力，并影响企业在资源分配中更多地向创新和创业活动倾斜，使得企业既具有源源不断的创新基础，又有保证创新和创业战略顺利开展的资源支持。

不仅如此，先动型企业具备在高档市场/升水市场中获胜的可能性。超前的行动能力和率先进入市场可以使企业获得议价权，有利于企业实行高价格战略，通过直销渠道来取得市场的进入控制权，并依据自身的产品、服务和商标建立行业的标准（Zahra & Covin，1995），而这会直接导致企业占有较高的市场份额和利润率（Cillo et al.，2010），有效地限制竞争对手的发展而获得竞争优势。特别是在资源和能力有限的情况下，企业更需要超前行动来获得领先优势。而在当今不断变革的市场环境中，先动型企业往往能够赢得良好的声誉和形象（Goosen et al.，2002），领先于其他竞争者被广大顾客所熟知和推崇，间接地影响企业的竞争优势和绩效。

风险承担性是企业在企业家精神活动中所愿意承担风险的强度。公司企业家精神战略追求新组合，而新产品的开发、新市场的开辟、新技术的研发，乃至新的管理方法的建立都具有高度的风险和不确定性（Narver et al.，2004）。敢于承担风险的企业可以有效地处理和转化这些风险，能够及时地把握潜在的市场机会。风险承担型企业还具有风险偏好、敢于尝试和不怕失败的精神，可以大幅度地提高新产品研发的成功率。当然，风险承担不能盲目和缺乏深思熟虑，否则会加重企业负担而造成适得其反的后果。风险承担是企业提高创新绩效的必要条件（蔡俊亚和党兴华，2015）。

除了创新性、先动性和风险承担性外，公司企业家精神还可以体现为具体的创新、风险投资和战略创新等活动（Zahra，1996）。投资于冒险型创业和战略更新至少通过两种机制可以产生高水平的创新绩效。基于知识理论，企业是知识的集合体（Grant，1996）。通过风险投资和战略更新活动，企业可以增强对现有的知识片段的新奇组合，而导致一个更多数量的知识结构/配置，因此产生卓越的创新绩效。进一步地，通过商业风险投资和更新而接触到的新技术和实践会增加企业的吸收能力，或者吸收和使用额外的外部知识的能力，而此能力会有助于创新（Chen et al.，2014）。此外，风险投资活动能够帮助企业在监督环境和积极利用市场和竞争机会方面处于一种前瞻性姿态，有助于企业做出更好的决策和实现长期利润。企业的自我更新能力越强，越倾向和尝试新资源的组合，因而会促进产品创新的过程和增强产品创新的结果。一贯地聚焦于创新，企业会投身于寻找新观点、生产创新性想法，以及改善运营过程，而这会导致新知识和技术的产生（Laursen & Salter，2005）。这些活动是企业从创新中获取回报的基础。

新产品开发是将发明转变为有市场的和价值增值的产品、过程、服务或者组织变革的过程（Hayton，2005），包括旨在提高创新绩效的研发活动和技术创新。公司企业家精神战略能够促进新产品开发以及提高产品创新绩效，并最终贡献于企业绩效。因此，本书认为公司企业家精神对企业的创新绩效有积极的影响。根据以上理论分析，本书提出以下假设：

H4：公司企业家精神对创新绩效具有显著的正向作用。

3.5.3　公司企业家精神的中介作用

3.5.3.1　制度环境与公司企业家精神

在战略管理研究中，制度理论成为继产业基础观、资源基础观后解释企业战略的一个基础性理论。制度基础观认为，制度是企业战略选择的自变量，其通过正式和非正式的约束来指导企业做出决策（Meyer & Peng，2005；吕源和徐二明，2009）。特别是对新兴经济体中的企业而言，母国自身制度的不断改革和全球化经济下国家间的制度差异是企业需要应对的重要环境因素，对制度及其变迁的研究可以有效地解释战略选择问题。制度与战略的议题主要集中于国际化战略（Meyer，2001）、多元化战略（Peng et al.，2005）、创新与创业（Li & Atuahene-Gima，2001）等方面，将制度作为前因，讨论制度如何作用于企业的战略和绩效。基于制度的战略观的理论基础来自于新制度经济学和组织社会学的制度观点。

经济学视角的制度与战略研究，主要从交易成本、激励结构、不确定性等角度切入，并以诺斯（North，1990）的正式制度和非正式制度为模板。作为游戏规则，制度构建了经济交换的激励结构，并通过各种约束来减小不确定性和交易费用。企业选择何种战略是依据制度的效率而定。彭（Peng，2003）开发了一个转型经济下企业战略选择模型，基于制度影响交换和生产成本的观点讨论了不同类型的企业在不同转型期面对不同的制度压力而做出了不同的战略选择。总体上，从纵向来看，随着制度向以规则为基础的结构不断转型，企业将通过激发企业家精神、进行创新和市场竞争来取得优势。

创新的价值和意义众所周知，但是，为什么许多企业仍然不创新，或者一旦创新便陷入困境？这正是由于创业制度质量的低下所致。制度报酬决定企业家才能的配置，好的制度会促使企业家才能配置于创新和创业战略，坏的制度会导致企业家才能配置于非生产性活动和破坏性活动（Baumol，1990）。正式制度中，法律、规则和政策对公司企业家精神战略的影响更加直观和具有强制性。在知识产权保护不力的情况下，从事企业家精神战略的报酬激励小于通过非市场活动而获得的报酬。政府政策的缺失和不连续给企业的创新带来了风险和不确定性，无疑会增加企业实施公司企业家精神战略的交易成本（Peng & Heath，1996）。

与新制度经济学追求的效用最大化不同，组织社会学视角的制度与战略研究，将企业战略和行为嵌入整个社会中，从合法性的角度强调企业的战略选择需要符合规制、规范和认知性要求（汪秀琼等，2011）。创新合法性是企业的创新战略和行为是合适的、可取的和恰当的，而是否符合合法性的评判标准则来自于制度所建立的各种要求。如果支持创新的制度存在空缺，企业的创新和创业活动可能无法迅速获得合法性，这将难以赢得社会的认可和关键性资源，企业从事公司企业家精神战略就会面临很大的风险。

规制环境是支持企业新业务、减少创新风险的法律、规则和政府政策。一方面，完善的法律法规能够确保公司企业家精神战略的顺利实施。其中关键的是，知识产权保护的立法和执法关系到企业的创新权益和进行自主创新的意愿。现有的法律法规的完善可以改变企业的战略地位，提高创新者的合法性和降低模仿者的认可度。另一方面，政府的制度支持为企业提供了创新机会和资源支持，并减少了企业创新过程中的风险和资源约束（孙秀丽等，2016），因此会增加企业采取公司企业家精神战略的意愿。但是，政府的政策支持和资助要避免过度干预，否则会降低资源配置效率，诱使企业追求短期利益，继而减弱了企业的创新倾向（高辉等，2016）。

认知环境是一个社会共享的关于创新和创业的知识概念和信息处理的框架（Busenitz et al.，2000）。在任何一个国家或者社会，特殊的知识一旦被制度化，这种特定的知识就会成为共享的社会观念。如果公众缺乏建立和运营新企业或者新事物的基本知识，则很难掌握创新活动所需要的风险处理能力等各种技巧。共享的创新认知和价值观会促进企业建立更具有竞争性的姿态和首发意识，以及制定具有先动性、风险性和创新性的战略（Spencer & Gómez，2004）。认知环境的重要性启示政府可以通过提供创业工作坊等培训教育机构来鼓励公司企业家精神。通过教育和培训计划来帮助人们进行创业学习，可以鼓励企业及员工更具有创新性（Vesper，1996）。

规范环境是人们如何看待创新和创业思想的价值观。社会规范和价值观通过要求组织活动应与有影响力的团体、社会的和专业的规范相一致而影响组织和个人的创新程度。一个充满创造力和改变的价值观的社会，能够鼓励企业建立一种创业战略姿态。另外，创新文化也给企业产生了采取创业姿态的压力。文化为社会交换提供了基本的框架，代表了社会成员间的凝聚元素（Douglas & Dubois，1977）。企业的创新战略必须要与国家文化相适应（Shane et al.，1995），才能够取得合法性。一般情况下，在一个不强调个人主义的集体中缺乏对个人成就、创新和冒险精神的激励，不确定性规避的文化中的社会成员更厌恶风险和害怕失败（Hayton et al.，2002）。公司企业家精神需要的是具有冒险、创新、情感承诺、自主和赋权的文化（Morris et al.，1994）。

综合上述分析，一方面，创业制度环境规定了有关创新创业的经济、政治或社会刺激的制度结构，进而影响企业的公司企业家精神战略。创业制度环境的好坏不仅通过激励直接影响到企业选择公司企业家精神战略的意愿，还会因交易费用问题而影响公司企业家精神战略的实施过程，而对战略效果的评价又反过来会影响企业未来进行创新和创业的意愿。另一方面，公司企业家精神战略嵌入具体的制度环境中，需要满足来自于规制、认知和规范等方面的制度压力，才得以顺利开展和实施并实现其价值。

基于上述对制度环境与公司企业家精神关系的讨论，本书提出以下假设：

H5：规制环境对公司企业家精神具有显著的正向作用。

H6：认知环境对公司企业家精神具有显著的正向作用。

H7：规范环境对公司企业家精神具有显著的正向作用。

3.5.3.2 制度环境与创新绩效：公司企业家精神的中介作用

尽管"制度环境影响企业创新绩效"已经得到了许多研究的认同，但是制度环境作用于创新绩效的机制研究刚刚开始。制度环境本身并不能充分地推动创新绩效的产生，制度首先影响的是企业的行为选择集合，因此制度的作用必须通过企业的战略、资源、能力、结构等要素而影响创新的结果（邹国庆和王京伦，2015；高辉等，2016）。从变量间的关系来看，创新绩效不仅受到制度环境的约束，而且是公司企业家精神战略的直接结果，而制度环境决定了企业的公司企业家精神战略的选择，于是，公司企业家精神可能是制度环境作用于创新绩效的中间机制。

在经济学研究中，诺斯（North，1990）认为制度是决定长期经济绩效的根本因素，而熊彼特（Schumpeter，1934）认为，经济增长的源泉和核心在于企业家精神。针对这两种截然不同的观点，鲍莫尔（Baumol，1990）关于制度配置企业家活动的理论把二者融合起来：制度质量决定了企业家在生产性活动和非生产性活动中的配置而影响经济增长。追求利润最大化的企业家对活动的选择源于内生于制度环境的报酬结构，而企业家在生产性、非生产性和破坏性活动的配置直接决定了企业绩效的来源和水平。以规则为基础的重视产权的制度环境有利于企业家从事创新战略活动，由此取得的创新结果可以贡献于企业的最终绩效。

在战略管理研究中，"环境 – 战略 – 绩效"是最经典的研究范式，即将战略引入到"环境 – 绩效"关系中，用以分析环境与战略对绩效的影响。围绕这一主题究竟是环境决定论还是战略主动论产生了许多理论流派，其中，权变理论强调环境变化与战略演化的匹配对绩效的影响（Lawrence & Lorsch，1967）。企业绩效依赖于高管选择有效的战略来适应环境（何铮等，2006），也就是说，企业绩效是环境与战略综合作用的结果。公司企业家精神是企业对制度环境的一个战略性的适应性响应（Li，2001），制度环境只有与公司企业家精神战略相匹配才能够产生卓越的创新绩效。

基于制度的战略观强调企业绩效是制度与组织互动的结果，不仅与产业结构、企业资源和能力有关，而且是高管们面对的正式和非正式制度环境的反映（Lee et al.，2005）。制度基础观把制度看作是自变量，通过各种约束机制影响企业的战略选择，进而影响企业的绩效水平。"制度–战略–绩效"的框架被广泛应用于国际商务研究和新兴经济体研究中。在国际商务研究中，跨国企业在东道国的研发、知识搜寻和创新活动与绩效会受到东道国制度环境的影响（朱虹，2009）。而对于处于经济转型中的中国企业而言，不断完善的促进经济高质量发展的制度环境鼓励了企业采取创新和创业战略，或者说，以市场规则为基础的制度结构能够焕发企业家精神导向而有利于获取创新绩效。

战略本质上是一种积累、转换和利用资源的方式（Floyd & Wooldridge，1999），能够把从环境中获取的信息和资源有效转化为企业的竞争优势，是联系外部环境和企业绩效的中间机制。公司企业家精神是企业为应对环境变化，利用创新来获取竞争优势的战略过程，从动态能力的观点来看，其实质上是一种动态的资源转化和配置机制（Yiu & Lau，2008）。制度环境为企业提供了各种资源和创业机会，而公司企业家精神的作用就是将这些资源和机会转化为独特的竞争优势（孙秀丽等，2016）。因此，制度环境在很大程度上可能通过公司企业家精神战略作用于创新绩效。

特别是在动态性不断增加的全球经济形势下，公司企业家精神的重要性得到进一步提升。环境的动态性和竞争性为企业管理增加了不确定性和风险性，而创业型企业能够更加适应这种环境的变化（Zahra & Garvis，2000）。在转型经济下的中国，社会主义市场经济体制有待完善，以及各项制度要素的多样性、不同组合和动态性使得企业所处的制度环境非常复杂。这时，企业需要通过公司企业家精神这一路径来平衡相似性和差异性，找到企业的最优特性来取得竞争优势。制度环境本身的特点使得公司企业家精神成为企业实现利润和成长的关键方法和路径。

据此，本书提出以下假设：

H8：公司企业家精神在规制环境对创新绩效的正向作用间起到了中介作用。

H9：公司企业家精神在认知环境对创新绩效的正向作用间起到了中介作用。

H10：公司企业家精神在规范环境对创新绩效的正向作用间起到了中介作用。

3.5.4 企业家特质的调节作用

对于制度研究，无论是企业家才能配置理论（Baumol，1990），还是基于制度的战略观（Peng & Heath，1996），都隐含这一假设：在既定的制度环境下，企业的战略选择具有唯一性，即以高质量发展为基础的制度环境会焕发企业家精神，促使企业采取创新型战略，而简单以高速增长为基础的制度环境则会引致企业进行盲目的规模扩张和追求短期利益。然而，实际情况是，处于同一制度环境中的企业采取了不同的战略。如何解释同一制度环境下企业的战略选择差异？在制度的约束下，企业在多大程度上能够以及如何自由地选择战略变量？而对于存在复杂制度的转型经济，企业的战略选择模式是什么？可以推断，制度并不是影响企业战略的唯一因素，在制度环境与战略选择之间一定存在一种调节机制。而解决这个问题，首先要弄清楚制度环境如何影响战略选择。

什么因素决定了企业的战略决策是战略管理研究的一个中心问题。现有文献主要存在两种观点。一是经济学的观点，将行业结构、制度环境等视为战略决策的主要因素，但其假设高管是理性的。二是认知科学的观点，认为管理认知决定战略决策。有限理性限制了高管对环境的完全理解，因此高管对环境的主观表征决定了企业的战略选择，但是其忽视了环境的作用。这两种分离的观点限制了对战略决策的整体理解，为此，纳德卡尼和巴尔（Nadkarni & Barr，2008）根据战略选择理论、高阶理论和已有研究提出了一个战略决策的整合观点：环境情境影响高管的管理认知，进而影响企业战略行动，管理认知是环境与战略关系的中介。

对于制度环境与战略选择的关系：一方面，新制度经济学给出了非常简单的答案——选择交易费用最低的战略，然而交易费用很难计算清楚，追求契约的完备性也不可能实现。另一方面，诺斯（North，1990）对认知的探索为制度的作用机制提供了新的思路，建议从认知科学的角度来理解这一过程。基于有限理性，企业管理者的认知能力是有限的和异质的。面对不断变化的环境，管理者根据现有的心智模式对信息进行解释和反馈，同时考虑到交易费用和企业目标等因素而做出异质性的战略决策。制度环境通过管理认知而影响企业的决策（尚航标和黄培伦，2011），因此，高管的管理认知在制度环境与战略选择的关系中扮演中介的角色。运用制度理论对企业战略进行分析需要结合管理认知理论才能打开制度作用机制的黑箱，有效诠释企业战略行为和绩效的异质性（涂智苹和宋铁波，2016）。

管理认知模式或者心智模式是管理者关于商业如何运作的简化的知识结构和信念（Zou & Gao，2015），可以帮助其对事物进行描述、解释和预测。管理者在企业生产经营活动过程中形成的关于自身、他人、组织及世界各个层面上的思维方式和行为习惯，是基于他们的经历、习惯、知识素养和价值观念，它影响着管理者的战略构想及管理行为（彼得·圣吉，1998）。管理者的这种结构化的知识和信念的形成受到来自遗传、经历、教育等方面因素的深刻影响，而心智模式一旦形成，管理者将自觉或不自觉地按照某个固定的角度去认识和思考问题，并用习惯的方式进行解决。在战略的制定中，不同的管理认知模式反映出高管不同的因果逻辑和关注焦点，并以此为基础作出不同的战略选择（Shepherd et al.，2017）。

在创业研究中，对企业家管理认知的探索形成了创业认知学派。该学派假设创业行为来自于创业情境诱发的独特认知和思维过程（Venkataraman et al.，2012）。创业认知是企业家在机会识别和评价以及企业成长过程中进行决策的知识结构和信念（Mitchell et al.，2002），旨在回答环境如何影响企业家决策过程进而造成战略选择差异的问题（杨俊等，2015）。面对创业制度环境，企业家是依靠其创业认知模式来决定创业战略的选择和内容，而制度环境的变化通过信息反馈给企业家，企业家根据已有的认知模式进行评价并形成新的预期，如此反复则形成企业家管理认知与制度环境的互动。

然而，企业家的认知方式和能力存在很大的差异。在战略决策的过程中，源于注意力焦点的不同和环境 - 战略因果逻辑的不同，企业家做出了不同的战略选择（Nadkarni & Barr，2008）。这种有限理性和认知的差异与企业家的个人因素有关，会受到遗传、教育、经历等方面的深刻影响，即汉布瑞克和梅森（Hambrick & Mason，1984）在其高阶理论模型中指出，高管的认知既受到价值观和个性等心理因素的影响，也会因年龄和职能背景等可观测的经验而不同。可见，企业家对环境的认知过程深受企业家特质的影响，因此，对企业家在制度环境下如何做出战略选择这一问题，分析企业家特质的影响是一个重要的线索。企业家特质可能是制度环境与公司企业家精神之间关系的调节变量。

实际上，企业家特质是创业研究领域中一个重要的研究学派，其认为创业行为的成功很大程度上来源于企业家的内在特质和外界资源（Gartner，1992）。企业家特质是企业家个性中所表现出来的稳定持久的基本单位（梁巧转等，2012），其外延既包括诸如态度和情感的心理特质，像知识和技能等行为特质，还包括如先前经验和社会资本等社会特质（汪翔和张平，2014）。企业家特质是企业发现机会和创新的关键因素，对企业家精神导向具有显著影响（Entrialgo et al.，2000）。现有研究对企业家特质的分析主要包括心理特质和人口统计学特征两个方面。本书将同时考虑这两类因素，选取了自恋和职业经历来进行分析。

3.5.4.1 企业家自恋的调节作用

自恋，一种对自我重要性夸大而又脆弱的看法，是社会科学领域热点研究的构念（Morf & Rhodewalt，2001）。现有文献论述了自恋的正面和负面的影响（Resick et al.，2009）。自恋者通常采取能够积极反映自己的行动，并表现出自负、傲慢、对批评充满敌意等特征，因此在人际交往中对他人缺乏同情心和敏感度（Judge et al.，2006）。尽管如此，自恋者需要持续性地获得外部的赞美来维持自己的自大。而自恋者的这种特质在领导角色中更为明显。自恋型领导是指领导行为受极端自私的个人利益而不是组织利益而驱动（Rosenthal & Pittinsky，2006）。现有研究多将自恋型领导的影响看作一种极端和负面，而近来开始有研究认为自恋型领导的魅力和影响他人的技巧具有激励员工的积极作用（Rosenthal & Pittinsky，2006）。实际上，自恋不应当被看作非好即坏的两级现象，而是一个持续体，一种领导者或多或少都存在的特质（Wales et al.，2013）。

在创业研究中，企业家的目标和性格是企业创业导向的中心驱动力（Miller & Friesen，1982）。企业家的管理风格体现在企业战略决策和运营管理哲学中（Covin & Slevin，1989）。与高阶理论一致，企业家制定和指导企业的战略选择，因而，在具体战略的表现中渗透着企业家的经验、偏好、个性等特质。企业家自恋刻画的是企业家自大而且需要别人不停地满足自己的自大感（Chatterjee & Hambrick，2007），包括认知和动机两种要素，既自信个人的卓越能力又持续和强烈的需求被赞赏。而这会使企业家倾向于从事大胆的、激进的行动而不是对现状进行渐进性改变。因此，具有高自恋倾向的企业家被认为是远见者和革新者（Deutschman，2005），是前瞻性、激进式战略的积极践行者。

企业家的自恋倾向在企业战略选择中扮演重要的角色。具体而言，企业家自恋主要通过两种机制影响企业的战略选择。一方面，自恋会影响企业家对各种结果可能性的分配。自恋者对自我印象的重视会使其对积极结果持有相对的乐观主义和自信态度，因而对各项方案收益的评估基本上都会有高估的倾向（Sanders，2001），同时对项目的风险性有更强的容忍度而选择高风险的项目。在这样一种积极认知模式下，企业家会看其所想和听其所想（Molden & Higgins，2005），并以此做出各项方案的概率评估。只有具有较高经济和实际利益的可能性，才会引起自恋型企业家的注意力。另一方面，自恋会通过影响企业家对可选方案的偏好顺序而影响企业家的选择。自恋型企业家通常将企业作为其满足自己利益的工具（Thompson，1967），因此，在各项能够同样满足企业目标和利益的方案中，企业家会选择适合个人偏好的那种。对于自恋者来说，这种选择必须能够提供足够的自恋供给，或者足够的关注和掌声（Chatterjee & Hambrick，2007）。

自恋特质表现为多种外在特征，例如，自大、利己主义、追求赞美、欺骗动机等。威尔士等（Wales et al.，2013）从自恋的三个特征分析了自恋对企业家导向的影响：有偏的期望、追求被敬畏和崇拜、过度自信。

首先，自恋型企业家基于有偏的期望来制定决策（Campbell et al.，2004），对超出实际情形的正确感知而表现出信心。作为一种战略选择，公司企业家精神需要大量的资源支持，为此，企业家必须要判断有大量风险、创新性的项目以保证有足够的资源支持。当从高风险高回报的创新和创业活动中考虑潜在收益时，自恋型企业家会带领企业追求更高数量的新进入机会，而表现为更高水平的公司企业家精神。作为风险爱好者，企业家倾向追求冒险的、激进的和创造性的战略。在创业制度质量较低时，企业家的风险偏好和有偏的期望会使其比一般管理者容易做出创新和创业决策，而在创业制度质量较高时，自恋型企业家将更加积极响应制度环境的激励而选择公司企业家精神战略。

其次，自恋型企业家对被人们敬畏和崇拜的追求会提高他们采取超前的、大胆的创新战略的倾向。崇拜培养了一种不可战胜的情结，从而进一步地提高了企业家从事高风险高回报的项目的可能性（Lubit，2002）。开发公司企业家精神能够吸引自恋型企业家，因为该战略具有创新性和先动性，能够增强他们的权力和影响力，以及激发追随者敬畏和崇拜之心的能力。因此，公司企业家精神更可能被自恋型企业家所青睐从而为企业的成长提供更多的机会。

最后，自恋型企业家过度自信，夸大地感知自己的能力和领导力，因此相信高风险活动的结果会是高收益和低成本的。过度自信的企业家在追求大量的机会时，比如新产品的市场进入，一般不太会考虑到可利用资源或能力的大小（Hayward et al.，2006；Lee et al.，2017）。并且，过度自信会使自恋型企业家在考虑机会成本时忽视反事实的信息（Compbell et al.，2004），比如没有预料到的风险、资源限制和回馈，更容易出现判断和决策偏差，从而增加用有限资源支持大胆战略的可能性。因此，自恋型企业家更可能倡导宏大的创新愿景。

总之，自恋型企业家与其他管理者相比会因不同的管理认知而做出不同的战略选择。自恋型企业家的自我崇拜和过度膨胀以及对关注和赞美的强烈需求影响了其识别和评估环境以及做出战略选择的认知模式：他们更倾向于搜寻新奇的、引入注目的、同时满足企业和个人目标的战略（Chatterjee & Hambrick，2007；刘向东，2010）。因此，自恋型企业家更喜欢战略的活力和宏大，而不是渐进和稳定，比如以创新性、风险性和先动性为特征的公司企业家精神战略。

基于以上分析，本书提出以下假设：

H11：企业家自恋调节了规制环境与公司企业家精神之间的关系，自恋倾向越高，规制环境对公司企业家精神的正向影响越强。

H12：企业家自恋调节了认知环境与公司企业家精神之间的关系，自恋倾向越高，认知环境对公司企业家精神的正向影响越强。

H13：企业家自恋调节了规范环境与公司企业家精神之间的关系，自恋倾向越高，规范环境对公司企业家精神的正向影响越强。

3.5.4.2 企业家职业经历的调节作用

有关企业家职业经历的思考基本上来源于高阶理论。高阶理论认为，高管因其自身所具有的经验、知识结构、性格和价值观等特质对其所处的情境进行个性化的诠释，并以此采取行动（Hambrick & Mason，1984）。除了企业家的心理特质会影响企业的战略决策，汉布瑞克和梅森（Hambrick & Mason，1984）认为人口统计学特征能够在一定程度上反映企业家的认知和价值观，可以作为测量企业家心智模式的代理变量。常见的人口统计学变量有年龄、性别、教育背景、职业经历、职位等。综合考虑这些人口统计学特征在创业研究中的表现，职业经历这一特征对于企业家的战略选择有重要的影响（Peyrefitte et al., 2002）。

职业经历这一指标可以为企业家的很多现象提供见解，例如，地位、荣誉和权威，个人的追求，以及生活 - 工作角色等（Arthur, 2005），而职业的选择是外界环境和个人偏好/能力的综合结果。企业家的职业经历体现了其对所处的环境和个人偏好的态度，是一种机遇和能力的交汇。而通过职业经历所折射出来的是企业家的知识积累、能力 - 技巧、认知模式、性格和价值观等（郑华，2015）。在对外部环境做出响应时，先前经验会影响企业家的信息筛选过程，包括注意力焦点、选择性认知和个性化的诠释，进而影响了企业家的决策。因此，职业经历由于影响了企业家的管理认知模式从而影响了制度环境与战略选择之间的关系。

职业经历是一种人力资本。人力资本理论认为，知识能够提高个人的认知能力，并导致更具有生产性的和有效率的活动（Becker, 1964）。对于企业而言，企业家的人力资本显著影响企业的生存、获利和顾客的维持（Hitt et al., 2001）。相对于一般管理者，企业家的人力资本就是企业家具有的关于创新和创业的知识和能力，是由先天的遗传因素和后天的学习、经历等社会化过程而形成（魏明，2004）。企业家人力资本是企业创新的重要资本，是开发企业家精神的关键投入要素，如果有更高质量的人力资本，企业家更能感知到创业机会。其中，企业家创新知识和能力的一个重要来源是职业经历（Tang, 2010）。企业家在工作中受环境的影响和自身的不断学习，逐渐形成自己的认知模式。

企业家的职业经历可以按照不同的方式有多种分类：不同的行业、不同的企业、不同的部门等。每一种经历都反映了企业家身上的独有特质，而经历的多样性使得企业家的认知和行为更为复杂。在中国，所有制改革和市场竞争的加强增加了对管理专业知识的需求，然而原先计划体制和传统观念的长期影响使得企业家的创业知识和技巧还存在不足（Smallbone & Welter, 2006）。有研究指出，在外资企业工作过的企业家往往更早接触市场竞争理念，重视创新和创业管理（Li & Tang, 2010）。因此，本研究将是否在外资企业工作过进行刻画企业家的职业经历。

对于与公司企业家精神战略的关系，虽然企业家的外资企业经历并不是战略选择的决定性因素，但是其会影响战略决策的制定过程，包括对制度环境的感知，选择性认知和解释等。一方面，企业家的职业经历塑造了其管理专业知识和技巧（人力资本）（Dalziel et al.，2011），拥有外资企业工作经验的企业家一般会拥有更多的基于市场规则管理企业的经验，强调通过创新开展竞争和实现企业成长，更有可能对创业制度环境有积极和正确的感知，对机会有更强的警觉性和良好的利用能力，以及能够有效处理创业过程中出现的问题，如合法性问题。企业家自身的创新知识和技能会促进企业家的创新追求（Wei & Ling，2015），并且能够减轻创新过程的风险，因而促使企业家在创业制度环境下更倾向于采取公司企业家精神战略。

另一方面，企业家的职业经历会塑造其价值观和认知模式，影响其现在和未来的问题解决方式（Waller et al.，1995）。中国传统经济思想中的弊端，以及商业运行的原则是基于人际信任，使得契约精神还有待加强。在国内传统企业和外资企业的不同环境中培养出来的企业家所具有的心智模式具有一定差异。在外资企业中，管理者更早接受自由、竞争的市场经济体制影响，制定和参与的是以市场竞争和满足顾客需求为基础的战略决策，接受的是创新和创业的文化熏陶，具有强烈的成就需求和敢于承担风险，个人更能认识到改变的重要性和偏好于将资源配置到创业项目中。在国内传统企业中，由于受到原有经济体制和传统观念的影响，管理者试图通过低成本抢占市场份额来实现发展，其创新创业意识和动机有待加强。具有外资企业工作经历的企业家更容易认识和积极响应创业制度环境的激励。因此，如果企业家有外资企业的工作经验，其会倾向选择公司企业家精神战略。

因此，根据以上理论分析，本书提出以下假设：

H14：企业家职业经历调节了规制环境与公司企业家精神之间的关系，如果企业家拥有外资企业的职业经历，规制环境对公司企业家精神的正向影响越强。

H15：企业家职业经历调节了认知环境与公司企业家精神之间的关系，如果企业家拥有外资企业的职业经历，认知环境对公司企业家精神的正向影响越强。

H16：企业家职业经历调节了规范环境与公司企业家精神之间的关系，如果企业家拥有外资企业的职业经历，规范环境对公司企业家精神的正向影响越强。

3.5.5　被调节的中介效应

对于包含调节变量和中介变量的整体理论模型，除了检验简单的调节效应和中介效应外，还应该进一步检测中介效应的大小是否受调节变量的影响，或者调节效应的大小是否受到中介变量的影响（Muller，2005）。前者叫作被调节的中介（moderated mediation），后者叫作被中介的调节（mediated moderation）。被调节的中介也称为中介调节，指的是中介效应被调节了；而被中介的调节也成为调节中介，是指调节效应被中介了。为了进一步深化理论框架和更好地明白制度环境的作用机制，本书将进一步检验企业家自恋和职业经历在整个过程中的影响，即分析被调节的中介效应。对于被调节的中介模型，本书的情形属于第一阶段的中介调节。

3.5.5.1　被企业家自恋调节的中介模型

根据上文所述，企业家自恋调节了制度环境与公司企业家精神的关系，而公司企业家精神在制度环境与创新绩效之间起中介作用。为此，企业家自恋的调节效应可能会进一步通过公司企业家精神影响到了创新绩效，即公司企业家精神的中介作用受到企业家自恋的调节。如果企业家的自恋倾向越高，制度环境通过公司企业家精神影响创新绩效的间接作用会增强；反之，如果企业家的自恋倾向越低，制度环境通过公司企业家精神影响创新绩效的间接作用会减弱。换句话说，公司企业家精神在制度环境与创新绩效之间的中介作用因企业家自恋倾向而有所差异。因此，本书提出以下假设：

H17：企业家自恋调节了规制环境通过公司企业家精神而影响创新绩效的效应，即企业家自恋倾向越高，公司企业家精神在规制环境与创新绩效之间起到的中介作用越强。

H18：企业家自恋调节了认知环境通过公司企业家精神而影响创新绩效的效应，即企业家自恋倾向越高，公司企业家精神在认知环境与创新绩效之间起到的中介作用越强。

H19：企业家自恋调节了规范环境通过公司企业家精神而影响创新绩效的效应，即企业家自恋倾向越高，公司企业家精神在规范环境与创新绩效之间起到的中介作用越强。

3.5.5.2 被企业家职业经历调节的中介模型

根据上文所述，企业家职业经历调节了制度环境与公司企业家精神的关系，而公司企业家精神在制度环境与创新绩效之间起中介作用。为此，企业家职业经历的调节效应可能会进一步通过公司企业家精神影响到创新绩效，即公司企业家精神的中介作用受到企业家职业经历的调节。如果企业家拥有外资企业的工作经历，公司企业家精神的中介作用会增强；反之，如果企业家只有国内企业的工作经历，公司企业家精神的中介作用会减弱。换句话说，制度环境通过公司企业家精神对创新绩效的间接作用因企业家职业经历而有所不同。因此，本书提出以下假设：

H20：企业家职业经历调节了规制环境通过公司企业家精神而影响创新绩效的效应，即如果企业家拥有外资企业的职业经历，公司企业家精神在规制环境与创新绩效之间起到的中介作用越强。

H21：企业家职业经历调节了认知环境通过公司企业家精神而影响创新绩效的效应，即如果企业家拥有外资企业的职业经历，公司企业家精神在认知环境与创新绩效之间起到的中介作用越强。

H22：企业家职业经历调节了规范环境通过公司企业家精神而影响创新绩效的效应，即如果企业家拥有外资企业的职业经历，公司企业家精神在规范环境与创新绩效之间起到的中介作用越强。

3.6 本章总结

本章介绍了制度理论、管理认知和高阶理论，以此为基础结合中国情境下的制度、企业家与战略情况提出了本书的理论模型，并对制度环境、公司企业家精神、创新绩效、企业家自恋和职业经历的关系进行了逻辑推理和分析，从而提出了本书的研究假设，现概括如下：

1. 制度环境与创新绩效

H1：规制环境对创新绩效具有显著的正向作用。

H2：认知环境对创新绩效具有显著的正向作用。

H3：规范环境对创新绩效具有显著的正向作用。

2. 公司企业家精神与创新绩效

H4：公司企业家精神对创新绩效具有显著的正向作用。

3. 制度环境与公司企业家精神

H5：规制环境对公司企业家精神具有显著的正向作用。

H6：认知环境对公司企业家精神具有显著的正向作用。

H7：规范环境对公司企业家精神具有显著的正向作用。

4. 公司企业家精神的中介作用

H8：公司企业家精神在规制环境对创新绩效的正向作用间起到了中介作用。

H9：公司企业家精神在认知环境对创新绩效的正向作用间起到了中介作用。

H10：公司企业家精神在规范环境对创新绩效的正向作用间起到了中介作用。

5. 企业家自恋的调节作用

H11：企业家自恋调节了规制环境与公司企业家精神之间的关系，自恋倾向越高，规制环境对公司企业家精神的正向影响越强。

H12：企业家自恋调节了认知环境与公司企业家精神之间的关系，自恋倾向越高，认知环境对公司企业家精神的正向影响越强。

H13：企业家自恋调节了规范环境与公司企业家精神之间的关系，自恋倾向越高，规范环境对公司企业家精神的正向影响越强。

6. 企业家职业经历的调节作用

H14：企业家职业经历调节了规制环境与公司企业家精神之间的关系，如果企业家拥有外资企业的职业经历，规制环境对公司企业家精神的正向影响越强。

H15：企业家职业经历调节了认知环境与公司企业家精神之间的关系，如果企业家拥有外资企业的职业经历，认知环境对公司企业家精神的正向影响越强。

H16：企业家职业经历调节了规范环境与公司企业家精神之间的关系，如果企业家拥有外资企业的职业经历，规范环境对公司企业家精神的正向影响越强。

7. 被调节的中介效应

（1）企业家自恋对中介的调节。

H17：企业家自恋调节了规制环境通过公司企业家精神而影响创新绩效的效应，即企业家自恋倾向越高，公司企业家精神在规制环境与创新绩效之间起到的中介作用越强。

H18：企业家自恋调节了认知环境通过公司企业家精神而影响创新绩效的效应，即企业家自恋倾向越高，公司企业家精神在认知环境与创新绩效之间起到的中介作用越强。

H19：企业家自恋调节了规范环境通过公司企业家精神而影响创新绩效的效应，即企业家自恋倾向越高，公司企业家精神在规范环境与创新绩效之间起到的中介作用越强。

（2）企业家职业经历对中介的调节。

H20：企业家职业经历调节了规制环境通过公司企业家精神而影响创新绩效的效应，即如果企业家拥有外资企业的职业经历，公司企业家精神在规制环境与创新绩效之间起到的中介作用越强。

H21：企业家职业经历调节了认知环境通过公司企业家精神而影响创新

绩效的效应，即如果企业家拥有外资企业的职业经历，公司企业家精神在认知环境与创新绩效之间起到的中介作用越强。

H22：企业家职业经历调节了规范环境通过公司企业家精神而影响创新绩效的效应，即如果企业家拥有外资企业的职业经历，公司企业家精神在规范环境与创新绩效之间起到的中介作用越强。

第 4 章
研究设计

研究设计是对研究过程的整体性安排，也是一项实证研究的起点。为了证明第 3 章中所提出的理论模型和研究假设，本章介绍了研究方法、问卷设计、变量测量、样本和调研对象的选择、问卷的发放和回收、数据的初步统计等内容。通过科学规范的研究过程，试图为理论模型的成立寻找有力的证据。

4.1　研究过程概述

根据已有研究和理论框架，本书首先确定了采用问卷调查法进行实证检验的各种假设。问卷法可以快速和有效地收集数据，并且在保证量表信效度的情况下可以获得高质量的数据，是管理学定量研究中最常用的方法。除了变量"职业经历"采用虚拟方式表示外，本书对其他变量的测量全部采用的是现有量表，以保证较好的信度和效度。为了有效解决共同方法偏差问题，本书采用多群体问卷法，即把董事长/总经理、副总经理两类群体作为调研对象，分别回答不同的量表。根据制度变量的特性和各地的制度环境差异，本书拟选择北京、福建、重庆、吉林、山西、甘肃等地的企业作为研究样本。

在确定好问卷内容、发放和回收方法后，首先进行了探索性研究。第一，对高新技术企业的总经理进行了实地访谈，听取他们对理论框架、研究内容和问卷设计的建议。第二，征求专家意见，包括理论模型是否合理、变量的测量是否科学、调研对象和样本的选择是否恰当、问卷的发放和回收是否规范等。第三，开展预调研，通过对高校 EMBA 学员进行预调研和分析结果，对题项的设计和语言的描述作出适当的修改，从而最终确定调研问卷的内容。

最后，将最终修改的问卷进行大规模的发放和回收。在发放和回收的过程中，采取科学规范的多渠道方式来尽量提高问卷的回收率。本书所收集和获取的数据是截面数据，不考虑纵向研究。问卷回收后，对无效问卷进行了剔除，并做了基本的样本特征分析，以对样本有整体的了解和预测。

4.2　研究工具

4.2.1　变量测量

本书的理论模型中共含有五个变量，其中，被解释变量为创新绩效，解释变量为制度环境（包括规制环境、认知环境和规范环境三个维度）、公司企业家精神、企业家自恋、企业家职业经历。具体地，在概念模型里，制度环境（规制、认知和规范）为自变量，公司企业家精神为中介变量，企业家自恋、企业家职业经历为调节变量，创新绩效为因变量。根据变量的特点，本书采用问卷调查的方法进行主观测量。除了企业家职业经历用虚拟变量表示外，其他变量都采用现有的西方成熟量表。沿用现有量表可以保证较高的信效度和认可度，在一定程度上可以提高研究结果的可靠性。面对文化和语言上的局限性，本书采用的是在中国情境下得到了较好验证的量表，具有较高的文化适应性。为了提高翻译的准确性，本书采用回译的方法（Brislin，1980），即用两组不同人员对同一量表进行翻译，先由一组研究人员将英文量表翻译成中文，再由另一组研究人员将此中文量表翻译成英文，然后比较两份英文量表，对产生的差异进行解决，形成初始量表。

为了进一步提高量表的质量，本书还采取了如下两种方法：第一，请战略管理和创新领域内与本书研究内容方向相似的专家对初始量表进行评价；第二，进行了预测试，并根据预测试的结果稍作修改，形成最终量表。本书采用的量表包括两种类型：一是李克特7级量表，其中，"1"表示非常不同意，"7"表示非常同意，"2~6"表示在非常不同意和非常同意之间的程度变化；二是自我报告量表，采用二选一迫选的方式回答各个题项。

4.2.1.1 创新绩效

创新绩效作为一个包含多方面的综合概念，学者们对于其内涵和外延的划分维度是多种多样的，因而其测量方式也各有不同。按照数据的来源可以分为主观测量法和客观测量法，按照指标的选取可以分为财务指标和非财务指标，按照测量的内容可以分为专利测量法和新产品收益法。每一种创新绩效的测量基本都是这些方法的综合，然而，具体到某项研究中，学者根据其研究内容所选择的方式和指标各具特点。因此，创新绩效测量的关键是根据研究内容和理论框架确定恰当的测量方式和指标选取。基于此，本书利用主观测量法，以最终的创新成果——产品/服务创新所获得的非财务指标来测量，主要借鉴洛夫莱斯等（Lovelace et al. , 2001）、蔡俊亚和党兴华（2015）等的研究。具体题项如表4.1所示。

表4.1　　　　　　　　　　　　　　**创新绩效的测量**

变量名称	量表题项	文献来源
创新绩效	我们常常推出很多新产品/服务	Lovelace et al. (2001)；蔡俊亚和党兴华（2015）
	我们申请专利的数量很多	
	我们的新产品/服务开发的速度很快	
	我们的新产品/服务开发的成功率很高	
	我们的新产品/服务销售额占总销售额的比重很高	

注：量表题项中为近三年内，与同行业的主要竞争对手相比。

4.2.1.2　制度环境

在战略管理领域，对制度环境的测量主要借鉴经济学和社会学的测量方式。经济学中的制度测量多是采用客观指标，而社会学中的制度测量多是从规制、规范和认知三个维度进行主观评价。实际上，与其说制度环境影响企业的战略和绩效，不如说是高管对制度环境的感知影响企业的决策和行为（尚航标和黄培伦，2011）。因此，制度环境的主观评价或许更为合适。制度环境是一个复杂的概念，本书聚焦于影响创新和创业的制度环境。布塞尼茨等（Busenitz et al.，2000）根据规制、规范和认知三个维度对促进创业的制度环境进行了重新定义，认为：规制包括支持公司新业务、减轻风险的法律、规则和政府政策；规范是人们对企业家活动、价值创新思想的认可度；认知是人们拥有创新业务的知识和技能。并且，马诺洛娃等（Manolova et al.，2008）在东欧等新兴经济体中、蒋春燕和赵曙明（2010）在中国情境中验证了该量表的适用性。因此，本书借鉴了布塞尼茨等（Busenitz et al.，2000）的创业制度环境量表。具体题项如表 4.2 所示。

表 4.2　　　　　　　　　　　　　制度环境的测量

变量名称	量表题项	文献来源
制度环境	规制环境	Busenitz et al.（2000）；蒋春燕和赵曙明（2010）
	当地政府及相关部门积极鼓励企业创新和再创业	
	当地政府采购时，会优先考虑有创新和再创业项目的企业	
	当地政府为企业创新和再创业提供特殊政策支持	
	当地政府为企业创新和再创业提供各种资助	
	即使创新创业失败，当地政府也支持企业重新创新和创业	
	规范环境	
	本企业知道如何合法保护企业的新业务	
	本企业认识到开创新业务会有很大的风险	
	本企业知道如何应对新业务的风险	

变量名称	量表题项	文献来源
制度环境	本企业知道从哪里获得关于新业务/产品的市场信息认知环境	Busenitz et al.（2000）；蒋春燕和赵曙明（2010）
	把创意变成具体业务的行为在本企业受到高度尊敬	
	创新和有创造力的思考是在本企业获得成功的关键因素	
	创新和创业人员在本企业得到广泛的尊重	
	本企业员工都以创新和创业人员为学习对象	

4.2.1.3 公司企业家精神

现有研究对公司企业家精神这一构念的测量主要采取主观测量方式。从不同含义和视角出发，公司企业家精神的测量量表主要包括三种：战略导向角度的创业导向量表、活动和过程角度的创业活动量表、内部组织因素角度的公司创业评估工具。本书的公司企业家精神实质上刻画的是企业从事创新和创业活动的战略选择和倾向，故应该采用第一种测量方式。主要借鉴李等（Li et al.，2005）的量表，该量表是在米勒（Miller，1983）、科文和斯莱文（Covin & Slevin，1991）的基础上适应中国企业的量表，包含创新性、风险承担性和先动性三个维度，共六个题项。具体题项如表4.3所示。

表4.3　　　　　　　　　　　公司企业家精神的测量

变量名称	量表题项	文献来源
公司企业家精神	企业支持通过实验和原始路径来解决问题	Li et al.（2005）
	企业强调设计独有的新的生产过程和方法	
	企业倾向于采取大胆而冒险的决策	
	企业管理团队更偏好可能获得高回报的高风险项目	
	企业倾向于采取积极行动来迅速地抓住机会而非守旧	
	企业倾向于成为目标市场的先行者	

4.2.1.4　自恋

自恋倾向的测量包括客观和主观两种方式。在战略管理领域，客观测量法主要是以查特吉和汉布瑞克（Chatterjee & Hambrick，2007）的研究为基础的，将收集和整理的首席执行官（CEO）曝光、CEO 薪酬等信息作为代理指标。主观测量法主要采用自恋人格量表（narcissistic personality inventory，NPI）量表工具，这是一种自我报告量表，采用二选一迫选的方式回答各个题项，包括 NPI-40 和 NPI-16 两种版本。尽管本书测量的是企业家的自恋倾向，但是已有自恋型领导研究仅仅是分析领导者所具有的自恋特质，尚未形成特定企业家人群或者其他领导者的自恋测量工具。埃姆斯等（Ames et al.，2006）开发的 16 个题项的版本更为简洁，并得到了马蒂厄和圣 - 让（Mathieu & St-Jean，2013）、威尔士等（Wales et al.，2013）的使用，信效度得到较好的证明。因此，本书将采用 NPI-16 版本的问卷测量企业家的自恋倾向。具体题项如表 4.4 所示。

表 4.4　　　　　　　　　　　　　**自恋的测量**

变量名称	量表题项	文献来源
自恋	我知道我是优秀的，因为每个人都这么说；当人们称赞我时，我有时感到不好意思	Ames et al.（2006）；Wales et al.（2013）
	我喜欢成为人群中的焦点；我更喜欢做人群中普通的一员	
	我认为我是一个独特的人；我认为我是一个普通的人	
	我很想成为一个领导；我愿意听从指挥	
	我认为操纵别人很容易；我不喜欢操纵别人	
	我一定要得到属于我的尊重，否则我不会感到满足；我常常得到应得的尊重	
	如果有机会，我会炫耀自己的优势；我不喜欢炫耀自己	
	我总是知道我在做什么；有时候我不清楚我在做什么	
	每个人都喜欢听我的故事；有时候我会讲好故事	

变量名称	量表题项	文献来源
自恋	我期望从别人那里得到很多；我喜欢帮助其他人	Ames et al. (2006)；Wales et al. (2013)
	我真的喜欢成为关注的焦点；成为关注的焦点会让我感觉不舒服	
	人们总是认可我的权威；成为权威人士对我来说意义并不是很大	
	我将成为一个伟大的人；我希望自己能获得成功	
	我可以让人们相信我所说的任何事；人们有时候会相信我所说的	
	我比别人更有能力；我可以从别人身上学到很多东西	
	我是一个不平凡的人；我和大多数人都差不多	

4.2.1.5 职业经历

职业经历根据研究内容和目的有不同的划分方法，包括按职能部门分为产出型、生产型和外围型，按高管任命方式分为内部晋升、外部空降和政府任命，按企业性质分为外资企业和国有企业，按创业经历分为行业经验和创业经验，按地理范围分为海外经历和国内经历、按职位属性分为政治背景和商业背景等。职业经历的主体对象包括高管/企业家个人和高管团队/创业团队两个方面。而在公司企业家精神的个体研究中，讨论最多的是企业家的职能部门经历、创业经历和企业经历。本书借鉴魏和凌（Wei & Ling，2015）的研究，对职业经历的划分聚焦于企业家是否具有外企工作经验，具体采用虚拟变量的形式，将有外企工作经验的标为"1"，否则为"0"。

4.2.1.6 控制变量

任何一个理论都有其成立的各种假定和边界条件。企业创新绩效的影响因素众多，本书仅仅分析了制度环境、公司企业家精神和企业家特质的作用，因此有必要对一些变量进行控制。根据已有研究，本书分别选取了企业层面和企业家层面的控制变量。企业层面的控制变量包括企业年龄、企业规模，均采用类别变量的方式表示。其中，企业年龄分为3年以下、4~8年、9~

15 年、16~25 年和 26 年以上共五类；企业规模分为 100 人以下、101~500 人、501~2000 人、2001~5000 人和 5001 人以上共五类。企业家层面的控制变量包括企业家的年龄和教育背景，同样划分类别表示。年龄分为 25 岁及以下、26~35 岁、36~45 岁、46 岁及以上共四类；教育背景分为专科及以下、本科、硕士、博士共四类。此外，问卷中还包括了企业所在地、调查对象的职位等基本信息，以便对样本有更全面的认识和处理。

4.2.2　数据处理方法与工具

本书的主要研究目的是考察中国情境下的制度环境对创新绩效的作用机制。为了验证公司企业家精神的中介作用和企业家特质的调节作用的假设，本书将对数据作出如下分析：

4.2.2.1　描述性统计与相关分析

对数据的基本描述中，本书统计了各变量的次数分配、百分比分析、平均数及标准差等来了解样本和各构念的基本特征，所用分析工具是 SPSS 20.0。相关分析是利用相关系数来描绘变量之间的关系，本书利用 Pearson 相关系数对这一特征作出统计和分析。

4.2.2.2　信度与效度分析

信度用来评价测量的稳定性，反映了测量工具的一致性和可靠性。本书将检验管理学中最为常用的内部一致性信度，采用 Cronbach's α 系数进行评估。所用分析工具是 SPSS 20.0。效度检验的是一个测量工具是否真正有效。本书采用的量表都是现有成熟量表，因此将利用验证性因子分析方法来重点分析构念效度，包括聚合效度和区分效度。聚合效度的检验指标包括因子载荷值、AVE 值、CR 值等，区分效度的检验则考察 AVE 值和潜变量的相关系数矩阵。所用分析工具是 AMOS 17.0。

4.2.2.3 共同方法偏差检验

作为一种系统误差，共同方法偏差的解决办法包括程序控制和统计控制。在统计控制中，本书采取 Harman 单因素检验，主要利用验证性因子分析测量一个公共因子的模型拟合度。

4.2.2.4 回归分析

回归分析用来分析一个变量如何影响另外一个变量。本书采用线性回归模型对所有的假设进行检验，变量间的关系采用普通最小二乘法（OLS）进行估计。其中，中介作用的检验采用巴伦和肯尼（Baron & Kenny，1986）的逐步回归法，并以 Sobel 检验和 Bootstrap 方法进行补充说明。调节作用的检验采用层次回归法。本书所用分析工具是 SPSS 20.0。

4.2.2.5 Bootstrap 分析

为检验被调节的中介模型，本书将采用海耶斯（Hayes，2013a，2013b）的系数乘积法，并通过 PROCESS 插件进行 Bootstrap 分析。Bootstrap 法也被称为重置抽样法，是把样本当成是总体，而后在总体中无限抽取子样本的过程。所用分析工具是 SPSS 20.0。

4.3 研究样本

4.3.1 调查对象

本书中的企业家是通过创造或者发现并实现新组合功能的企业高层管理者。在这里，企业家强调的是一种功能，并未与经营者、所有者进行明确的区分。在中国，企业的发展具有自己的特殊性，企业家的职位也与西方情境有很多差异（张序，2005）。从操作层面讲，中国企业家的职位一般包括董事长、总经理、CEO、总裁等（欧雪银，2012；张正勇，2013；黄静，2014）。根据已有研究，本书将高新技术企业的董事长、总经理列为调研对象，以代表本书意义上的企业家。

本书探讨的是中国情境下的制度环境与创新绩效的关系研究，涉及制度环境感知、公司企业家精神、创新绩效、企业家特质（自恋、职业经历）等变量，属于企业战略层次上的外部环境、战略导向和企业家因素。为避免同源误差和提高数据的可靠性，本书采用多元数据收集的方式，即使用两种测评对象来获取各个变量的数据。具体地，在本书的五个变量中，制度环境（规制、认知和规范环境）、自恋、职业经历由董事长（总经理）作答（设立董事长职位的企业由董事长作答，未设立董事长职位的企业由总经理作答），形成了问卷一；公司企业家精神和创新绩效由副总经理作答，形成了问卷二（详见本书附录）。除此之外，在问卷的设计中通过平衡题项顺序、匿名作答等方式来进一步减弱共同方法偏差问题。

样本的选择需要依据理论模型进行可行性制定。第一，本书的主要研究内容之一是分析制度环境、公司企业家精神和创新绩效的关系，由于涉及的是创新和创业问题，因此，选取高新技术企业为研究样本更具有代表性。同时，高新技术企业的战略领导者更具有企业家的功能，更能代表本书意义上的企业家。第二，考虑到制度环境的地域性特征，企业的选择应该尽可能地涵盖更多的地区。根据 2014 年的各地区的市场化指数，本书拟选取具有差异性的北京（9.08）、福建（8.07）、重庆（7.78）、吉林（6.42）、山西（5.27）、甘肃（4.04）等地的高新技术企业。第三，本书力求分析企业家的作用，鉴于国有企业中企业家的特殊性（张序，2005），本书选取非国有企业。因此，鉴于以上原因，本书拟选取北京、福建、重庆、吉林、山西、甘肃等地的非国有的高新技术企业作为样本。

4.3.2 数据收集

数据的收集工作无疑是实证研究中的关键环节，直接影响到数据的质量和研究结果。虽然问卷调查被认为是最快速、经济有效的数据收集方法，但这需要实施得当的前提。对于战略管理研究者来说，问卷法面临回收率低的难题。由于该类研究的样本是以企业为单位，获取一定规模的企业样本有一定的难度。特别是，战略管理研究需要将企业的高管作为调研对象，而高管们的配合度较低。因此，问卷的发放和回收具有一定的操作困难。为此，本书尝试多种收集方法以提高回收率和质量。经过综合考虑，本书的数据收集主要采取两种方法：实地调研和问卷邮寄。具体方式包括以下三种：

第一，选择北京、福建、重庆、吉林、山西、甘肃等地的省会城市（也是经济中心），根据北京、长春、太原、兰州等地的高新技术企业名录，首先进行电话联系进行多轮邀请，以确认该企业是否愿意接受调研，然后将问卷邮寄给同意调研的企业（纸质问卷）。

第二，由笔者和所在的研究团队联系位于上述地区并符合样本要求的企业展开调研。该方法主要通过电子问卷邮寄。

第三，考虑到高校的EMBA学员往往是企业的高层管理人员，笔者在高校进行实地调研，主要是利用EMBA课堂或者学术报告，对EMBA学员进行调研。首先确认学员所在企业是否为非国有高新技术企业，是否为董事长、总经理或副总经理，然后将问卷链接发送给符合条件的学员，并请学员将另一份问卷转发给企业的另一位被调查对象进行填写。

4.3.3　样本特征

本书最终收回390份有效问卷。在问卷设计中，对企业的基本情况和企业家的基本背景设置了相关题项。根据所得问卷，本书从样本的来源地区、企业规模和年龄、企业家的年龄、教育背景、任期、职能背景等特征进行频数分析，以反映样本的基本构成和分布情况。

4.3.3.1　地区分布

由于本书研究的是制度环境，因此根据各地区的市场化指数，本书有选择性地选取了北京、福建、重庆、吉林、山西和甘肃六个地区的企业作为样本。针对最终的有效样本，来自北京的企业占比 25.6%，福建的企业占比 25.6%，重庆的企业占比 12.8%，吉林的企业占比 12.8%，山西的企业占比 12.8%，甘肃的企业占比 10.3%。总体来看，六个地区的企业分布比较均衡，能够保证企业所处的制度环境有一定程度的变异。其中，相对而言，北京和福建的企业偏多，甘肃的企业偏少，这也与各地区的经济水平和企业数量相符合。具体地区分布情况如表 4.5 所示。

表 4.5 地区分布

所在地区	频数	占比（%）	累计占比（%）
北京	100	25.6	25.6
山西	50	12.8	38.5
重庆	50	12.8	51.3
福建	100	25.6	76.9
甘肃	40	10.3	87.2
吉林	50	12.8	100.0
合计	390	100.0	—

4.3.3.2 企业特征

由于本书事先控制了企业的性质为非国有，企业的产业属于高新技术产业，因此只对企业规模和企业年龄进行了初步统计，具体如表 4.6 所示。

表 4.6 企业规模、年龄分布

企业特征		频数	占比（%）	累积占比（%）
企业规模	100 人及以下	87	22.3	22.3
	101~500 人	170	43.6	65.9
	501~2000 人	86	22.1	87.9
	2001~5000 人	26	6.7	94.6
	5001 人及以上	21	5.4	100.0

企业特征		频数	占比（%）	累积占比（%）
企业年龄	3 年及以下	54	13.8	13.8
	4~8 年	104	26.7	40.5
	9~15 年	130	33.3	73.8
	16~25 年	70	17.9	91.8
	26 年及以上	32	8.2	100.0

在创新和创业研究中，企业规模和年龄都是重要的控制变量。企业规模一般利用企业的员工数或者资产总额进行刻画，然后取对数表示。本书测量的是企业的员工数。其中，规模为 100 人及以下的企业占比 22.3%，101~500 人的企业占比 43.6%，501~2000 人的企业占比 22.1%，2001~5000 人的企业占比 6.7%，5001 人及以上的企业占比 5.4%。总体来看，比重最多的是 101~500 人的企业，而 2000 人以下的企业达到了 87.9%，说明样本企业以中小企业居多。

企业年龄反映了企业所处的成长阶段，而企业在不同阶段的战略规划、组织结构等内容大有不同。本书将企业的年龄按时间顺序分为五类，其中，成立时间 3 年及以下的企业占比 13.8%，4~8 年的企业占比 26.7%，9~15 年的企业占比 33.3%，16~25 年的企业占比 17.9%，26 年及以上的企业占比 8.2%。总体来看，比重最多的是成立 9~15 年的企业，并且 8 年以下的企业达到 40.5%。按照新创企业的 8 年以下的划分标准，样本企业的年龄分布较均衡，包含了各个成长阶段的企业，因此具有较高的代表性。

4.3.3.3 企业家基本特征分布

本书以企业家作为调研对象，为此统计了企业家的相关特征，包括年龄、教育背景、职能背景和任期。同时，由于本书的研究模型涉及企业家的自恋和职业经历，因此有必要对其他特质进行分析和控制，具体如表 4.7 所示。

表 4.7 　　　　　　　　　　　　　　企业家基本特征分布

企业家特征		频数	占比（%）	累计占比（%）
年龄	25 岁及以下	2	0.5	0.5
	26 ~ 35 岁	125	32.1	32.6
	36 ~ 45 岁	176	45.1	77.7
	46 岁及以上	87	22.3	100.0
教育背景	专科及以下	45	11.5	11.5
	本科	283	72.6	84.1
	硕士	55	14.1	98.2
	博士	7	1.8	100.0
职能背景	生产运营	100	25.6	25.6
	研发	142	36.4	62.1
	营销	84	21.5	83.6
	财会	45	11.5	95.1
	法律	8	2.1	97.2
	其他	11	2.8	100.0
任期	3 年及以下	140	35.9	35.9
	4 ~ 8 年	141	36.2	72.1
	9 ~ 15 年	87	22.3	94.4
	16 ~ 25 年	20	5.1	99.5
	26 年及以上	2	0.5	100.0

对于企业家年龄，25 岁及以下的企业家占比 0.5%，26 ~ 35 岁的企业家占比 32.1%，36 ~ 45 岁的企业家占比 45.1%，46 岁及以上的企业家占比 22.3%。其中，比重最高的是 36 ~ 45 岁的企业家，并且，45 岁及以下的企业家达到 77.7%，这与已有研究所认为的年轻的高管更偏好创新和冒险的假设一致，因而基本符合企业家的年龄分布。

对于企业家教育背景，学历为专科及以下的企业家占比 11.5%，本科学历的企业家占比 72.6%，拥有硕士学位的企业家占比 14.1%，拥有博士学位的企业家占比1.8%。总体来看，本科学历的企业家比重最大，拥有博士学位的企业家比重最少。并且，本科及以上的学历达到88.5%，可以反映出问卷能够被企业家较好地理解而保证较高的答题质量。

企业家职能背景指的是企业家曾经工作过的职能部门。由于企业家可能会在多个部门工作过，因此只调查了企业家的最初职能部门。其中，具有生产运营职能背景的企业家占比25.6%，研发背景占比36.4%，营销背景占比21.5%，财会背景占比11.5%，法律背景占比2.1%，其他背景占比2.8%。按照高阶理论，具有研发和营销背景的高管更倾向于创新。在本书中，具有这两种背景的企业家共占57.9%，也说明了实现新组合功能的企业家角色更多地来自于研发和营销职能部门，也支持了高阶研究的假设。

企业家任期包括两种：一是在当前职位的任期，二是在企业的任期。本书统计的是企业家所在企业的任职年限。其中，在企业任职为3年及以下的企业家占比35.9%，4~8年的企业家占比36.2%，9~15年的企业家占比22.3%，16~25年的企业家占比5.1%，26年及以上的企业家占比0.5%。总体来看，任职时间为8年以下的企业家最多，所占比重为72.1%，16年以上的企业家比重最少，这也符合样本企业年龄的分布。

第 5 章

研究结果

在对样本进行初步的分布统计后，本章将展开对假设的验证。首先，对量表进行信度和效度分析，以及共同方法偏差检验，以评估测量的质量。其次，对所有变量进行描述性统计分析和相关分析，进一步为假设提供验证。最后，采用逐步回归法、层次回归法、Bootstrap 方法等对假设进行检验，从而得出本书的研究结果。

5.1 信度和效度分析

管理学中的实证研究要确保测量工具的质量：所选择的量表确实测量了所测的构念；量表是稳定可靠的。这两方面构成了评价测量工具好坏的标准，即效度和信度的概念。效度和信度与测量误差有关，在一个测量模型中，随机误差会产生信度问题，而随机误差和系统误差都会对效度产生影响。

5.1.1 信度分析

信度（reliability）被定义为一个测量工具免于随机误差影响的程度（罗胜强和姜嬿，2014），评估的是测量是否稳定和具有一致性。如果随机误差越大，则信度系数越小。信度检验的方法有复本信度、再测信度和内部一致性信度等方法。复本信度是采用两个内容相同而表述不同的量表进行平行测量；再测信度衡量的是量表在不同时间是否具有稳定性；内部一致性信度则是考察量表内部指标的同质性。所有的指标之间越一致，说明随机误差越小。内部一致性信度通常采用 Cronbach's α 系数来表示。在战略管理研究中，复本信度和再测信度较难实现，因此，本书采用管理学研究中最为常用的内部一致性信度，即 Cronbach's α 系数。如果 α 系数大于 0.7，说明信度尚可。

从表 5.1 中可以看出，采用量表测量的六个变量——规制环境、认知环境、规范环境、公司企业家精神（以下简称 CE）、创新绩效和自恋的 Cronbach's α 系数均大于 0.8，远高于 0.7 的标准。并且，本书报告了题项已删除的 Cronbach's α 值，根据最大的值，删掉题项后并不能提高 α 系数，因此，量表具有较高的信度水平。

表 5.1 信度检验

构念	题项数量	题项已删除的最大 Cronbach's α 值	Cronbach's α 值
规制环境	5	0.820	0.848
认知环境	4	0.844	0.857
规范环境	4	0.804	0.832
CE	6	0.877	0.892
创新绩效	5	0.856	0.875
自恋	16	0.852	0.853

5.1.2 效度分析

效度（validity）指的是量表是否真正反映了所要测量的构念。根据罗胜强和姜嬿（2014）的总结，效度分析主要包括内容效度、内部结构效度、构念效度和校标关联效度。内容效度考察的是测量内容是否覆盖了构念，指标是否具有代表性，以及问卷的表述和形式是否恰当等内容。内部结构效度分析的是所得的数据结构是否与预期的构念结构一致。构念效度评价的是变量测量的内容和构念定义的一致性程度，是评价测量是否准确的首要指标。校标关联效度是用一个相关构念的测量作为此构念的参考工具。在本书的研究设计中，所选取的量表均是在中国情境下得到了较好验证的国外成熟量表，并经过了反译、企业家访谈、专家咨询和预调研等修正环节，因而具有较高的内容效度。接下来，本书将重点介绍和分析构念效度，包括聚合效度和区分效度，并将利用验证性因子分析方法（CFA）进行检验。

5.1.2.1 聚合效度

聚合效度（convergent validity）指的是采用不同方式对同一构念测量时，所观测到数值之间应该高度相关（罗胜强和姜嬿，2014）。一般研究利用结构方程建模进行验证性因子来检验聚合效度和区分效度。根据福内尔和拉尔克（Fornell & Larcker，1981）的研究，聚合效度的检验标准主要包括三个指标：第一，所测构念的题项的因子载荷值（factor loading）大于 0.7；第二，平均方差抽取量（average variance extracted，AVE）大于 0.5；第三，组合信度（composite reliability，CR）大于 0.7。

从表 5.2 中可以看出，除了题项 I7（0.693）和 I13（0.696）外，其余题项的因子载荷都在 0.7 以上，并且 I7 和 I13 的因子载荷均大于 0.69，约等于 0.7，为可接受范围。其次，所有变量的 AVE 值均大于 0.5，CR 值均大于 0.8，完全符合标准。因此，量表具有较高的聚合效度。

表 5.2 聚合效度检验

变量	题项	因子载荷	AVE	CR
规制环境	I1	0.736	0.5304	0.8495
	I2	0.726		
	I3	0.743		
	I4	0.717		
	I5	0.719		

变量	题项	因子载荷	AVE	CR
认知环境	I6	0.755	0.6045	0.8587
	I7	0.693		
	I8	0.854		
	I9	0.799		
规范环境	I10	0.807	0.5561	0.8332
	I11	0.718		
	I12	0.757		
	I13	0.696		
CE	S1	0.741	0.5813	0.8926
	S2	0.794		
	S3	0.727		
	S4	0.736		
	S5	0.821		
	S6	0.751		
创新绩效	P1	0.806	0.586	0.876
	P2	0.754		
	P3	0.781		
	P4	0.758		
	P5	0.726		

5.1.2.2 区分效度

区分效度（discriminant validity）指的是用不同的方法测量不同构念时，所得到的测量值之间能够区分（罗胜强和姜嬿，2014）。区分效度的检验方法通常是检测变量的平均方差抽取量的平方根是否大于其与其他变量的相关系数的绝对值（Fronell & Larcker，1981）。如果 AVE 的均方根大于潜变量之间相关系数的绝对值，或者说 AVE 大于潜变量之间相关系数的平方，则说明变量间的区分度较高。根据上文聚合效度检验中的 AVE 值，表 5.3 给出了

AVE 的均方根和变量间的相关系数值。其中，对角线括号中的数值表示的是 AVE 的均方根，其他数值表示的是变量间的相关系数。可以看出，AVE 的均方根均大于 0.7，且都大于其所处的行和列中的相关系数的绝对值。因此，这说明对于每个潜变量的测量，是能够与其他变量的测量区分开的，变量的测量具有较高的区分效度。

表 5.3 区分效度检验

项目	1. 规制	2. 认知	3. 规范	4. CE	5. 创新绩效
1. 规制	(0.728)				
2. 认知	0.412 **	(0.778)			
3. 规范	0.499 **	0.419 **	(0.746)		
4. CE	0.532 **	0.385 **	0.553 **	(0.762)	
5. 创新绩效	0.536 **	0.238 **	0.462 **	0.682 **	(0.766)

注：** 表示在 0.01 水平上显著相关。括号中的数字代表 AVE 的均方根。

5.1.3 共同方法偏差

共同方法偏差（common method biases）指的是一种系统误差，是由于同样的数据来源或评分者、同样的测量环境、项目语境以及项目本身特征所造成的预测变量与效标变量之间人为的共变（周浩和龙立荣，2004），会导致结果的混淆和结论的误导。共同方法偏差问题在社会科学研究中广泛存在，特别是在问卷调查研究中需要保持警惕。共同方法偏差的控制方法包括过程控制和统计控制两种（熊红星等，2012）。

过程控制是在研究设计上从数据来源、测量时间和地点、题项设计等方面进行的事前控制。首先，本书采用多元数据收集的方式，即使用两种测评对象来获取各个变量的数据。即将所有变量分成两个问卷，问卷一包含制度环境、自恋、职业经历，由董事长（总经理）作答，公司企业家精神和创新绩效由副总经理作答。其次，本书在问卷的设计过程中，将主要变量的顺序打乱，错置排序，以中和被调查者在答题过程中的回顾性偏差。

统计控制方法是利用统计手段进行事后控制，包括 Harman 单因素检验、偏相关法、潜在误差变量控制法、多质多法模型等。周浩和龙立荣（2004）认为，每一种方法都各有优点和缺点。当无法知晓共同方法偏差的来源时，一般采用 Harman 单因素检验和潜在误差变量控制法。传统的做法是通过探索性因子分析检验未旋转的解释方差，若只析出唯一一个因子或者某一因子解释方差非常大，则说明存在严重的共同方法偏差。然而，该做法存在明显缺陷，且无任何控制方法效应的作用，现在更普遍和有效的做法是采用验证性因子分析（郑玮等，2016；林瑛晖和程垦，2016），设定公因子数为 1，如果模型拟合度良好则说明共同偏差问题比较严重。本书利用 AMOS 软件进行了验证性因子分析，将所有题项都负荷于 1 个公共因子，结果表明，$X^2/df =$ 5.319，RMR = 0.131，GFI = 0.674，AGFI = 0.612，NFI = 0.766，IFI = 0.802，TLI = 0.782，CFI = 0.801，RMSEA = 0.105。可见，适配度指标都未达到建议值。从统计上看来，本书的共同方法偏差问题并不严重，不会对研究结果和结论造成严重影响。

5.2　描述性统计与相关分析

在进行假设检验前，有必要对数据的基本特征进行描述性统计和相关分析。描述性统计分析一般包括均值、方差、标准差、中位数等。本书主要计算了每个变量的均值和标准差，如表 5.4 所示。关于变量的计分，根据温忠麟等（2012）的观点，如果量表的信度水平很高，可以将测量一个潜变量的若干题项得分的平均分作为对应的潜变量的观测值。由于本书量表均选自成熟量表，并经过验证量表的信度比较高，因此采用求均分的方法来计算潜变量的得分。该方法也得到国内外研究的广泛应用（Peng & Luo，2000；Tan，2002；林亚清和赵曙明，2013；郑玮等，2016）。因此，变量规制环境、认知环境、规范环境、公司企业家精神、创新绩效、自恋的得分是所有题项加总后取均值，而变量职业经历是虚拟变量，采用的是 0 ~ 1 计分方式。

表 5.4　变量的描述性统计与 Pearson 相关系数

项目	1. 规制	2. 认知	3. 规范	4. CE	5. 创新绩效	6. 自恋	7. 经历	8. 企业年龄	9. 企业规模	10. 企业家年龄	11. 教育背景
1. 规制	1										
2. 认知	0.412**	1									
3. 规范	0.499**	0.419**	1								
4. CE	0.532**	0.385**	0.553**	1							
5. 创新绩效	0.536**	0.238**	0.462**	0.682**	1						
6. 自恋	0.075	0.082	0.083	0.067	0.032	1					
7. 经历	0.006	0.065	0.018	0.011	-0.029	0.151**	1				
8. 企业年龄	0.140**	0.101*	0.089	0.116*	0.252**	-0.072	-0.142**	1			
9. 企业规模	0.108*	0.060	0.106*	0.136**	0.204**	-0.028	-0.144**	0.495**	1		
10. 企业家年龄	0.018	0.064	-0.002	-0.038	0.068	0.057	0.052	0.421**	0.161**	1	
11. 教育背景	0.076	0.013	0.093	0.070	0.143**	-0.071	-0.180**	0.142**	0.214**	0.052	1
均值	5.11	5.35	5.44	5.37	5.26	0.30	0.61	2.80	2.29	2.89	2.06
标准差	1.44	1.22	1.33	1.00	1.08	0.46	0.49	1.14	1.06	0.74	0.57

注：** 表示在 0.01 水平上显著相关；* 表示在 0.05 水平上显著相关。

相关分析描述的是变量间的相关性，用相关系数来表示（取值范围为
[−1，1]）。相关系数的绝对值越接近于 1，说明相关性越大。从表 5.4 中可
以看出，对于控制变量，企业规模和企业年龄与公司企业家精神和创新绩效
均有显著的相关性，企业家的教育背景与创新绩效显著相关，因此证实了将
其纳入控制变量的合理性。创新绩效与公司企业家精神、规制环境、认知环
境和规范环境都有显著的正相关性，公司企业家精神也与规制环境、认知环
境和规范环境显著正相关。这些相关关系与本书的理论预期相一致。总体来
看，相关系数均在 0.7 以下，未出现异常值，为下面的回归模型和假设验证
提供了基础。

5.3　假设检验

本书要验证主效应、中介效应、调节效应、被调节的中介效应等内容，
所采用的工具是 SPSS 20.0。具体来讲，本书将采用巴伦（Baron）和肯尼
（Kenny）的逐步法检测中介效应，并以 Sobel 检验和 Bootstrap 法进行补充说
明；采用层级回归法来检测自恋和职业经历的调节效应；采用 Bootstrap 方法
检验被调节的中介效应。

5.3.1　中介效应检验

在管理研究中，中介效应的检验方法包括两类：系数乘积检验法和系数
差异检验法。系数乘积检验又可以分为间接检验和直接检验。最传统和流行
的巴伦和肯尼（Baron & Kenny，1986）的逐步法就是间接检验，而 Sobel 检
验、Bootstrap 法等属于直接检验。逐步法是逐步检验回归系数：一是检验自
变量对因变量的总效应 c；二是依次检验自变量对中介变量的效应 a 和控制
自变量后，中介变量对因变量的效应 b，这时自变量对因变量的直接效应设
为 c'；三是比较 c 与 c' 的大小。如果 c、a、b 都显著，且 c' 显著小于 c，则中

介效应显著；而当 c' 不显著时，则为完全中介。Sobel 检验是直接检验系数的乘积是否等于 0。检验统计量为 $Z = \hat{a}\hat{b}/s_{ab}$，其中 $\hat{a}$ 和 $\hat{b}$ 分别是 a 和 b 的估计，s_{ab} 是 $\hat{a}\hat{b}$ 的标准误。如果 Z 值显著，说明中介效应显著。Bootstrap 法是一种从样本中重复取样的方法。N 次取样的样本会得到 N 个 ab 的估计值，并构成置信度为 95% 的置信区间，如果置信区间不包含 0，则说明中介作用显著。具体流程如图 5.1 所示。

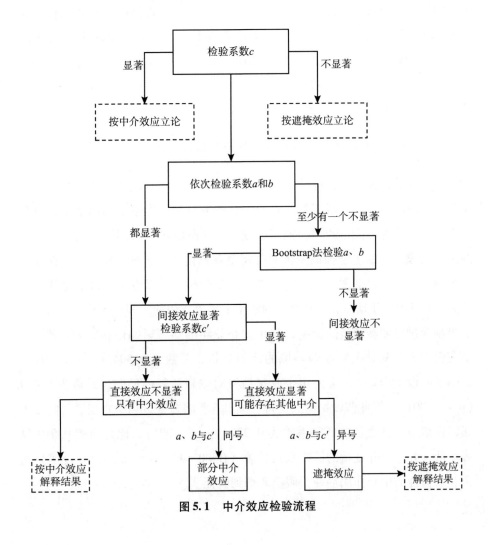

图 5.1　中介效应检验流程

然而，近年来逐步法受到了很多批评和质疑（Edwards & Lambert，2007；Hayes，2009），更有学者提出停止使用逐步法中的依次检验，改用 Bootstrap 法进行直接检验。对此，温忠麟（2014）对上述中介效应的方法进行了评析。该研究指出，依次检验、Sobel 检验和 Bootstrap 检验三种方法各有利弊，Bootstrap 法优于 Sobel 检验，但如果依次检验已经得到显著结果，此时依次检验的结果甚至好过 Bootstrap 法。为此，在综合考虑各种方法的利弊后，提出了新的检验中介效应的流程，如图 5.1 所示。并且，近期的很多研究仍在采用巴伦和肯尼（Baron & Kenny，1986）的逐步法（林亚清和赵曙明，2013；王永跃和段锦云，2015；李燃等，2016）。由于中介效应的检验方法存在争议，本书将主要根据温忠麟（2014）的观点检验中介效应，并采用 Sobel 检验和 Bootstrap 检验对中介效应进行补充说明。

5.3.1.1 规制环境、公司企业家精神与创新绩效

表 5.5 是根据巴伦和肯尼（Baron & Kenny，1986）的逐步法对公司企业家精神在规制环境与创新绩效之间的中介效应分析。模型 1 和模型 2 是以公司企业家精神为因变量的回归模型，模型 3～模型 6 是以创新绩效为因变量的回归模型。模型 1 是控制变量对公司企业家精神的影响，模型 2 是在控制变量的基础上对自变量——规制环境的回归分析。可以看出，自变量的回归系数为 0.519，并且在 $p < 0.001$ 的水平上显著。因此，假设 5 成立。模型 3 是控制变量对创新绩效的影响，其中，企业年龄显著影响创新绩效。模型 4 是在模型 3 的基础上对规制环境的回归分析，系数为 0.504（$p < 0.001$），证明了假设 1。模型 5 是公司企业家精神对创新绩效的回归，系数为 0.659（$p < 0.001$），因此假设 4 得到支持。模型 6 是将自变量和中介变量共同放入回归模型中，自变量的回归系数为 0.222（$p < 0.001$），比之前的 0.519 显著降低，并且中介变量的回归系数显著（$\beta = 0.543$，$p < 0.001$），说明公司企业家精神的中介作用存在，假设 8 得到验证。

表 5.5 回归分析结果（规制环境）

变量	项目	CE（中介变量）		创新绩效（因变量）			
		模型 1	模型 2	模型 3	模型 4	模型 5	模型 6
控制变量	企业年龄	0.108	0.039	0.213 **	0.146 **	0.142 **	0.125 **
	企业规模	0.090	0.070	0.084	0.065	0.025	0.027
	企业家年龄	−0.100	−0.076	−0.040	−0.017	0.026	0.024
	教育背景	0.040	0.014	0.096	0.070	0.070	0.063
自变量	规制环境		0.519 ***		0.504 ***		0.222 ***
中介变量	CE					0.659 ***	0.543 ***
	R^2	0.031	0.294	0.082	0.329	0.502	0.537
	ΔR^2		0.263		0.247	0.420	0.208
	F	3.128 *	31.996 ***	8.583 ***	37.623 ***	77.412 ***	73.992 ***

注：*** p < 0.001；** p < 0.01；* p < 0.05。

在上述所有的回归模型中，变量的容差值均大于 0.1，VIF 值均小于 10，特征值均大于 0.01，条件索引均小于 30。因此，变量间不存在严重的共线性问题。

为了进一步验证公司企业家精神在规制环境——创新绩效间的中介作用，本书根据索贝尔（Sobel，1982）、麦金农等（MacKinnon et al.，2004）的研究，利用 Sobel 检验和 Bootstrap 检验对中介作用进行分析。从表 5.6 中可以看出，根据 Sobel 检验结果，Z 值为 8.821，且在 p < 0.001 的水平上显著，表明公司企业家精神起显著的中介作用。

表 5.6 Sobel 检验（规制环境）

方法	间接效应	标准误（SE）	Z	p 值
Sobel 检验	0.212	0.240	8.821	0.000

从表 5.7 中可以看出，根据偏差校正的 Bootstrap 检验结果，间接效应值为 0.212，且上下区间为 [0.150，0.278]，不包含 0。因此，公司企业家精

神在规制环境与创新绩效间的中介作用得到了进一步验证。

表 5.7   **Bootstrap 检验（规制环境）**

方法	间接效应	BootSE	BootLLCI	BootULCI
Bootstrap 检验	0. 212	0. 034	0. 150	0. 278

注：Bootstrap = 1000；置信区间 = 95%。

5.3.1.2 认知环境、公司企业家精神与创新绩效

表 5.8 是根据巴伦和肯尼（Baron & Kenny, 1986）的逐步法对公司企业家精神在认知环境与创新绩效之间的中介效应进行分析。模型 1 和模型 2 是以公司企业家精神为因变量的回归模型，模型 3 ~ 模型 5 是以创新绩效为因变量的回归模型。其中，模型 2 是在模型 1 控制变量的基础上对自变量——认知环境的回归分析。可以看出，自变量的回归系数为 0. 379，并且在 $p < 0.001$ 的水平上显著。因此，假设 6 成立。模型 4 是在模型 3 的基础上对认知环境的回归分析，系数为 0. 216（$p < 0.001$），证明了假设 2。模型 5 是将自变量和中介变量共同放入回归模型中，自变量的回归系数为 - 0. 040（$p > 0.05$），不再显著，并且中介变量的回归系数显著（$\beta = 0.674$，$p < 0.001$），说明公司企业家精神的中介作用存在，假设 9 得到验证。

表 5.8   **回归分析结果（认知环境）**

变量	项目	CE（中介变量）		创新绩效（因变量）		
		模型 1	模型 2	模型 3	模型 4	模型 5
控制变量	企业年龄	0. 108	0. 077	0. 213 **	0. 196 **	0. 144 **
	企业规模	0. 090	0. 084	0. 084	0. 081	0. 024
	企业家年龄	- 0. 100	- 0. 111 *	- 0. 040	- 0. 046	0. 028
	教育背景	0. 040	0. 042	0. 096	0. 097 *	0. 069
自变量	认知环境		0. 379 ***		0. 216 ***	- 0. 040

续表

变量	项目	CE（中介变量）		创新绩效（因变量）		
		模型 1	模型 2	模型 3	模型 4	模型 5
中介变量	CE					0.674***
	R^2	0.031	0.174	0.082	0.128	0.503
	ΔR^2		0.143		0.046	0.375
	F	3.128*	16.137***	8.583***	11.260***	64.689***

注：***p < 0.001；**p < 0.01；*p < 0.05。

在上述所有的回归模型中，变量的容差值均大于 0.1，VIF 值均小于 10，特征值均大于 0.01，条件索引均小于 30。因此，变量间不存在严重的共线性问题。

为了进一步验证公司企业家精神在认知环境——创新绩效间的中介作用，本书根据索贝尔（Sobel，1982）、麦金农等（MacKinnon et al.，2004），利用 Sobel 检验和 Bootstrap 检验对中介作用进行分析。从表 5.9 中可以看出，根据 Sobel 检验结果，Z 值为 7.324，且在 p < 0.001 的水平上显著，表明公司企业家精神起显著的中介作用。

表 5.9　　　　　　　　　　Sobel 检验（认知环境）

方法	间接效应	标准误（SE）	Z	p 值
Sobel 检验	0.227	0.031	7.324	0.000

从表 5.10 中可以看出，根据偏差校正的 Bootstrap 检验结果，间接效应值为 0.227，且上下区间为 [0.152，0.321]，不包含 0。因此，公司企业家精神在认知环境与创新绩效间的中介作用得到了进一步验证。

表 5.10　　　　　　　　　Bootstrap 检验（认知环境）

方法	间接效应	BootSE	BootLLCI	BootULCI
Bootstrap 检验	0.227	0.043	0.152	0.321

注：Bootstrapping = 1000；置信区间 = 95%。

5.3.1.3　规范环境、公司企业家精神与创新绩效

表5.11 是根据巴伦和肯尼（Baron & Kenny，1986）的逐步法对公司企业家精神在规范环境与创新绩效之间的中介效应进行分析。模型 1 和模型 2 是以公司企业家精神为因变量的回归模型，模型 3～模型 5 是以创新绩效为因变量的回归模型。其中，模型 2 是在模型 1 控制变量的基础上对自变量——规范环境的回归分析。可以看出，自变量的回归系数为 0.541，并且在 $p < 0.001$ 的水平上显著。因此，假设 7 成立。模型 4 是在模型 3 的基础上对认知环境的回归分析，系数为 0.433（$p < 0.001$），证明了假设 3。模型 5 是将自变量和中介变量共同放入回归模型中，自变量的回归系数为 0.109（$p < 0.05$），比之前的 0.541 显著降低，并且中介变量的回归系数显著（$\beta = 0.599$，$p < 0.001$），说明公司企业家精神的中介作用存在，假设 10 得到验证。

表 5.11　　　　　　　　　　回归分析结果（规范环境）

变量	项目	CE（中介变量）		创新绩效（因变量）		
		模型 1	模型 2	模型 3	模型 4	模型 5
控制变量	企业年龄	0.108	0.074	0.213 **	0.186 **	0.141 **
	企业规模	0.090	0.054	0.084	0.056	0.023
	企业家年龄	− 0.100	− 0.077	− 0.040	− 0.022	0.024
	教育背景	0.040	0.001	0.096	0.065	0.064
自变量	规范环境		0.541 ***		0.433 ***	0.109 *
中介变量	CE					0.599 ***
	R^2	0.031	0.318	0.082	0.266	0.510
	ΔR^2		0.287		0.184	0.244
	F	3.128 *	35.856 ***	8.583 ***	27.806 ***	66.499 ***

注：*** $p < 0.001$；** $p < 0.01$；* $p < 0.05$。

在上述所有的回归模型中，变量的容差值均大于 0.1，VIF 值均小于 10，特征值均大于 0.01，条件索引均小于 30。因此，变量间不存在严重的共线性问题。

为了进一步验证公司企业家精神在规范环境——创新绩效间的中介作用，本书根据索贝尔（Sobel，1982）、麦金农等（MacKinnon et al.，2004）的研究，利用 Sobel 检验和 Bootstrap 检验对中介作用进行分析。从表 5.12 中可以看出，根据 Sobel 检验结果，Z 值为 9.344，且在 $p < 0.001$ 的水平上显著，表明公司企业家精神起显著的中介作用。

表 5.12   Sobel 检验（规范环境）

方法	间接效应	标准误（SE）	Z	p 值
Sobel 检验	0.264	0.028	9.344	0.000

从表 5.13 中可以看出，根据偏差校正的 Bootstrap 检验结果，间接效应值为 0.264，且上下区间为 ［0.201，0.342］，不包含 0。因此，公司企业家精神在规范环境与创新绩效间的中介作用得到了进一步验证。

表 5.13   Bootstrap 检验（规范环境）

方法	间接效应	BootSE	BootLLCI	BootULCI
Bootstrap 检验	0.264	0.037	0.201	0.342

注：Bootstrapping = 1000；置信区间 = 95%。

5.3.2 调节效应检验

调节效应的分析方法需要根据自变量和调节变量的测量级别而定（温忠麟，2012；罗胜强和姜嬿，2014）。变量主要包括类别变量和连续变量两种形式，不同形式的自变量和调节变量的组合需要采取相应的分析方法。如果自变量是连续变量，无论调节变量是连续变量还是类别变量，都可以将自变量和调节变量进行中心化后构造乘积项的形式来检测（温忠麟，2012；罗胜强和姜嬿，2014）。检验的标准是：如果乘积项的系数显著，则说明调节效应存在。本书包含两个调节变量，其中，企业家自恋是区间为［0，1］的连续变量，企业家职业经历是赋值为0和1的虚拟变量（类别变量）。因此，根据已有研究，本书采用层次回归法来检验调节效应。具体地，将企业家自恋、企业家职业经历和制度环境分别进行中心化，而后构造乘积项，通过查看乘积项的系数是否显著来判断调节效应的存在。

5.3.2.1　企业家自恋的调节作用

表5.14是企业家自恋的调节效应的检验结果。检验步骤是依次放入控制变量、自变量、调节变量和乘积项。模型1是控制变量对公司企业家精神的影响，模型2～模型4是以规制环境为自变量的层次回归，模型5～模型7是以认知环境为自变量的层次回归，模型8～模型10是以规范环境为自变量的层次回归。根据模型4、模型7、模型10，三个自变量与企业家自恋的乘积项的系数分别是0.268（$p < 0.001$）、0.179（$p < 0.001$）、0.219（$p < 0.001$），均达到了显著性水平，而且，与引入乘积项前的模型相比，R^2分别增加了0.069、0.032、0.047。这说明企业家自恋正向调节了规制环境与公司企业家精神、认知环境与公司企业家精神、规范环境与公司企业家精神之间的关系，也就是说，企业家的自恋倾向越高，制度环境对公司企业家精神的正向作用越强。因此，假设11、假设12、假设13均得到了支持。

5.3.2.2　企业家职业经历的调节作用

表5.15是企业家职业经历的调节效应的检验结果。检验步骤是依次放入控制变量、自变量、调节变量和乘积项。模型1是控制变量对公司企业家精神的影响，模型2～模型4是以规制环境为自变量的层次回归，模型5～模型7是以认知环境为自变量的层次回归，模型8～模型10是以规范环境为自变量的层次回归。根据模型4、模型7、模型10，三个自变量与企业家职业经历的

表 5.14

企业家自恋的调节效应结果

<table>
<tr><th colspan="2">变量</th><th>项目</th><th>模型 1</th><th>模型 2</th><th>模型 3</th><th>模型 4</th><th>模型 5</th><th>模型 6</th><th>模型 7</th><th>模型 8</th><th>模型 9</th><th>模型 10</th></tr>
<tr><th colspan="13">CE</th></tr>
<tr><td rowspan="4">控制变量</td><td>企业年龄</td><td></td><td>0.108</td><td>0.039</td><td>0.044</td><td>0.047</td><td>0.077</td><td>0.084</td><td>0.068</td><td>0.074</td><td>0.078</td><td>0.085</td></tr>
<tr><td>企业规模</td><td></td><td>0.090</td><td>0.070</td><td>0.069</td><td>0.039</td><td>0.084</td><td>0.083</td><td>0.082</td><td>0.054</td><td>0.053</td><td>0.035</td></tr>
<tr><td>企业家年龄</td><td></td><td>-0.100</td><td>-0.076</td><td>-0.080</td><td>-0.054</td><td>-0.111*</td><td>-0.116*</td><td>-0.118*</td><td>-0.077</td><td>-0.081</td><td>-0.064</td></tr>
<tr><td>教育背景</td><td></td><td>0.040</td><td>0.014</td><td>0.016</td><td>0.011</td><td>0.042</td><td>0.045</td><td>0.048</td><td>0.001</td><td>0.004</td><td>-0.011</td></tr>
<tr><td rowspan="3">自变量</td><td>规制环境</td><td></td><td></td><td>0.519***</td><td>0.516***</td><td>0.498***</td><td></td><td></td><td></td><td></td><td></td><td></td></tr>
<tr><td>认知环境</td><td></td><td></td><td></td><td></td><td></td><td>0.379***</td><td>0.374***</td><td>0.382***</td><td></td><td></td><td></td></tr>
<tr><td>规范环境</td><td></td><td></td><td></td><td></td><td></td><td></td><td></td><td></td><td>0.541***</td><td>0.537***</td><td>0.514***</td></tr>
<tr><td>调节变量</td><td>自恋</td><td></td><td></td><td></td><td>0.039</td><td>0.020</td><td></td><td>0.054</td><td>0.040</td><td></td><td>0.034</td><td>0.019</td></tr>
<tr><td rowspan="3">乘积项</td><td>规制×自恋</td><td></td><td></td><td></td><td></td><td>0.268***</td><td></td><td></td><td></td><td></td><td></td><td></td></tr>
<tr><td>认知×自恋</td><td></td><td></td><td></td><td></td><td></td><td></td><td></td><td>0.179***</td><td></td><td></td><td></td></tr>
<tr><td>规范×自恋</td><td></td><td></td><td></td><td></td><td></td><td></td><td></td><td></td><td></td><td></td><td>0.219***</td></tr>
<tr><td colspan="2">R^2</td><td></td><td>0.031</td><td>0.294</td><td>0.296</td><td>0.365</td><td>0.174</td><td>0.176</td><td>0.208</td><td>0.318</td><td>0.319</td><td>0.366</td></tr>
<tr><td colspan="2">ΔR^2</td><td></td><td></td><td>0.263</td><td>0.002</td><td>0.069</td><td>0.143</td><td>0.002</td><td>0.032</td><td>0.287</td><td>0.001</td><td>0.047</td></tr>
<tr><td colspan="2">F</td><td></td><td>3.128*</td><td>31.996***</td><td>26.780***</td><td>31.432***</td><td>16.137***</td><td>13.680***</td><td>14.341***</td><td>35.856***</td><td>29.957***</td><td>31.478***</td></tr>
</table>

注：*** $p < 0.001$；** $p < 0.01$；* $p < 0.05$。

表 5.15　企业家职业经历的调节效应结果

变量	项目	CE									
		模型 1	模型 2	模型 3	模型 4	模型 5	模型 6	模型 7	模型 8	模型 9	模型 10
控制变量	企业年龄	0.108	0.039	0.043	0.048	0.077	0.081	0.082	0.074	0.077	0.087
	企业规模	0.090	0.070	0.072	0.049	0.084	0.086	0.062	0.054	0.056	0.042
	企业家年龄	−0.100	−0.076	−0.080	−0.083	−0.111*	−0.114*	−0.128*	−0.077	−0.081	−0.101*
	教育背景	0.040	0.014	0.019	0.020	0.042	0.045	0.050	0.001	0.005	0.015
自变量	规制环境		0.519***	0.518***	0.558***						
	认知环境					0.379***	0.377***	0.411***			
	规范环境								0.541***	0.539***	0.560***
调节变量	职业经历			0.032	0.030		0.024	0.026		0.025	0.028
乘积项	规制×经历				0.152**						
	认知×经历							0.203***			
	规范×经历										0.160***
	R²	0.031	0.294	0.295	0.316	0.174	0.174	0.214	0.318	0.319	0.344
	ΔR²		0.263	0.001	0.021	0.143	0.000	0.040	0.287	0.001	0.025
	F	3.128*	31.996***	26.716***	25.248***	16.137***	13.464***	14.816***	35.856***	29.885***	28.555***

注：*** p < 0.001；** p < 0.01；* p < 0.05。

乘积项的系数分别是 0.152（p < 0.01）、0.203（p < 0.001）、0.160（p < 0.001），均达到了显著性水平，而且，与引入乘积项前的模型相比，R^2 分别增加了 0.021、0.040、0.025。这说明企业家职业经历正向调节了规制环境与公司企业家精神、认知环境与公司企业家精神、规范环境与公司企业家精神之间的关系，也就是说，如果企业家具有在外资企业工作的经历，制度环境对公司企业家精神的正向作用越强。因此，假设 14、假设 15、假设 16 均得到了支持。

对于共线性诊断，在上述所有回归模型中，变量的容差值均大于 0.1，VIF 值均小于 10，特征值均大于 0.01，条件索引均小于 30。因此，变量间不存在严重的共线性问题，确保了回归模型的解释功能。

为了更为直观地表示企业家自恋和企业家职业经历的调节作用，本书绘制了调节效应图，见图 5.2 ~ 图 5.7。

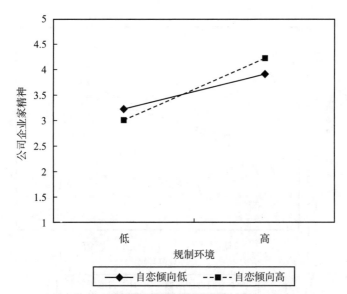

图 5.2　企业家自恋对规制环境与公司企业家精神之间关系的调节作用

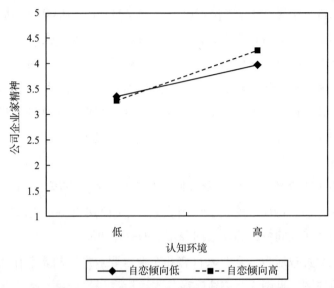

图 5.3 企业家自恋对认知环境与公司企业家精神之间关系的调节作用

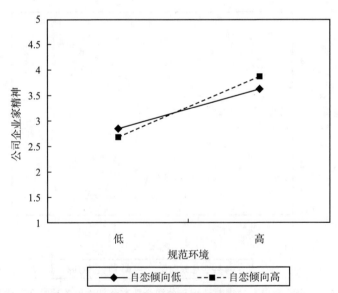

图 5.4 企业家自恋对规范环境与公司企业家精神之间关系的调节作用

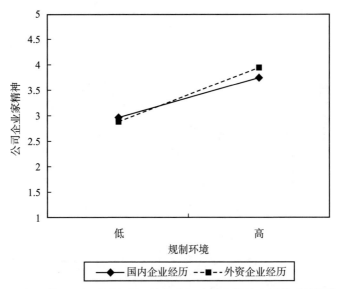

图 5.5　企业家职业经历对规制环境与公司企业家精神之间关系的调节作用

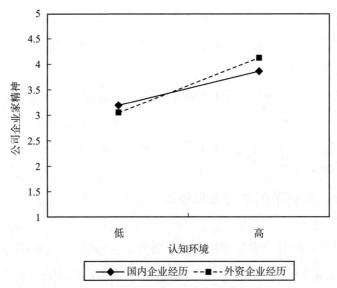

图 5.6　企业家职业经历对认知环境与公司企业家精神之间关系的调节作用

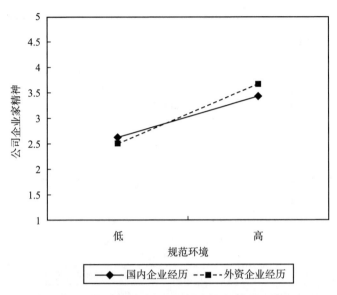

图 5.7 企业家职业经历对规范环境与公司企业家精神之间关系的调节作用

图 5.2 ~ 图 5.4 分别展示了企业家自恋对规制、认知和规范环境与公司企业家精神之间关系的调节作用。可以看出，随着自恋倾向的增加，规制、认知和规范环境对公司企业家精神的正向影响越强。

图 5.5 ~ 图 5.7 分别展示了企业家职业经历对规制、认知和规范环境与公司企业家精神之间关系的调节作用，可以看出，当企业家拥有外资企业经历时，规制、认知和规范对公司企业家精神的正向影响更强。

5.3.3 被调节的中介效应检验

被调节的中介是指中介作用受到了调节变量的影响。总体来说，中介调节（中介作用被调节了）可以分为前期的中介调节、后期的中介调节两种类型（罗胜强和姜嬿，2014）。所谓前期的中介调节，是指调节变量调节了自变量与中介变量的关系，而后期的中介调节则是调节了中介变量和因变量的关系。被调节的中介的检验方法有：依次检验、系数乘积的区间检验、中介

效应的差异检验等（温忠麟和叶宝娟，2014）。目前大多数研究都推荐采用
Bootstrap 不对称置信区间估计进行系数乘积的区间检验或者差异检验，其中，
又以系数乘积检验为最优（方杰等，2014）。并且，方杰等（2014）建议使
用系数乘积法检验进行前期或后期的中介调节检验，使用差异分析进行两阶
段的中介调节检验。在本研究中，企业家自恋和职业经历都是调节了自变量
与中介变量的关系，属于前期的中介调节。因此，本书将采用基于 Bootstrap
的系数乘积检验。

　　海耶斯（Hayes，2013a，2013b）提出，有调节的中介检验可以摆脱对调节
变量 Z 的条件取值的依赖，于是对差异系数法进行了改进。他认为，$(a_1 + a_3 Z_h) b_1 - (a_1 + a_3 Z_1) b_1 = a_3 b_1 (Z_h - Z_1)$，如果 $a_3 b_1 (Z_h - Z_1)$ 的置信区间不
包括 0，就表示被调节的中介效应显著，即通过直接检验 $a_3 b_1$ 的显著性来判
断被调节的中介效应是否显著。为了方便学者使用基于 Bootstrap 的系数乘积
法检验被调节的中介模型，海耶斯（Hayes，2013a，2013b）编写了
PROCESS 宏，以在 SPSS 软件中直接运行。海耶斯的检验方法得到了国内外
许多学者的应用和推崇（Huang et al.，2014；Froehlich et al.，2015；Lin et
al.，2016；赵欢欢等，2016；李育辉等，2016）。本书将采用 SPSS 软件中的
PROCESS 插件进行检验。

　　表 5.16 是以企业家自恋为调节变量的被调节的中介模型的检验结果。对
于"规制环境 – 公司企业家精神 – 创新绩效"这一过程，企业家自恋对公司
企业家精神的中介作用具有显著的调节效应（置信区间为 [0.143，0.334]，
不包含 0），假设 17 成立；对于认知环境 – 公司企业家精神 – 创新绩效这一
过程，企业家自恋对公司企业家精神的中介作用具有显著的调节效应（置信
区间为 [0.051，0.411]，不包含 0），假设 18 成立；对于规范环境 – 公司企
业家精神 – 创新绩效这一过程，企业家自恋对公司企业家精神的中介作用具
有显著的调节效应（置信区间为 [0.105，0.361]，不包含 0），假设 19
成立。

表 5.16 　　　　　　　　　中介模型检验——企业家自恋

自变量	中介变量	Index	SE（Boot）	BootLLCI	BootULCI
规制环境		0.231	0.049	0.143	0.334
认知环境	公司企业家精神	0.237	0.093	0.051	0.411
规范环境		0.222	0.066	0.105	0.361

注：Bootstrapping = 1000；置信区间 = 95%。

表 5.17 是以企业家职业经历为调节变量的被调节的中介模型的检验结果。对于"规制环境 - 公司企业家精神 - 创新绩效"这一过程，企业家职业经历对公司企业家精神的中介作用具有显著的调节效应（置信区间为 [0.020，0.230]，不包含 0），假设 20 成立；对于"认知环境 - 公司企业家精神 - 创新绩效"这一过程，企业家职业经历对公司企业家精神的中介作用具有显著的调节效应（置信区间为 [0.095，0.395]，不包含 0），假设 21 成立；对于"规范环境 - 公司企业家精神 - 创新绩效"这一过程，企业家职业经历对公司企业家精神的中介作用具有显著的调节效应（置信区间为 [0.042，0.299]，不包含 0），假设 22 成立。

表 5.17 　　　　　　　　　中介模型检验——企业家职业经历

自变量	中介变量	Index	SE（Boot）	BootLLCI	BootULCI
规制环境		0.120	0.055	0.020	0.230
认知环境	公司企业家精神	0.240	0.075	0.095	0.395
规范环境		0.155	0.064	0.042	0.299

注：Bootstrapping = 1000；置信区间 = 95%。

5.4 研究结果

经过上述分析，本书的研究假设均得到了支持，具体如表 5.18 所示。

表 5.18　　　　　　　　　　　　**假设检验结果**

假设	内容	结果
H1	规制环境对创新绩效具有显著的正向作用	支持
H2	认知环境对创新绩效具有显著的正向作用	支持
H3	规范环境对创新绩效具有显著的正向作用	支持
H4	公司企业家精神对创新绩效具有显著的正向作用	支持
H5	规制环境对公司企业家精神具有显著的正向作用	支持
H6	认知环境对公司企业家精神具有显著的正向作用	支持
H7	规范环境对公司企业家精神具有显著的正向作用	支持
H8	公司企业家精神在规制环境对创新绩效的正向作用间起到了中介作用	支持
H9	公司企业家精神在认知环境对创新绩效的正向作用间起到了中介作用	支持
H10	公司企业家精神在规范环境对创新绩效的正向作用间起到了中介作用	支持
H11	企业家自恋调节了规制环境与公司企业家精神之间的关系，自恋倾向越高，规制环境对公司企业家精神的正向影响越强	支持
H12	企业家自恋调节了认知环境与公司企业家精神之间的关系，自恋倾向越高，认知环境对公司企业家精神的正向影响越强	支持
H13	企业家自恋调节了规范环境与公司企业家精神之间的关系，自恋倾向越高，规范环境对公司企业家精神的正向影响越强	支持
H14	企业家职业经历调节了规制环境与公司企业家精神之间的关系，如果企业家拥有外资企业的职业经历，规制环境对公司企业家精神的正向影响越强	支持
H15	企业家职业经历调节了认知环境与公司企业家精神之间的关系，如果企业家拥有外资企业的职业经历，认知环境对公司企业家精神的正向影响越强	支持
H16	企业家职业经历调节了规范环境与公司企业家精神之间的关系，如果企业家拥有外资企业的职业经历，规范环境对公司企业家精神的正向影响越强	支持
H17	企业家自恋调节了规制环境通过公司企业家精神而影响创新绩效的效应，即企业家自恋倾向越高，公司企业家精神在规制环境与创新绩效之间起到的中介作用越强	支持
H18	企业家自恋调节了认知环境通过公司企业家精神而影响创新绩效的效应，即企业家自恋倾向越高，公司企业家精神在认知环境与创新绩效之间起到的中介作用越强	支持
H19	企业家自恋调节了规范环境通过公司企业家精神而影响创新绩效的效应，即企业家自恋倾向越高，公司企业家精神在规范环境与创新绩效之间起到的中介作用越强	支持

假设	内容	结果
H20	企业家职业经历调节了规制环境通过公司企业家精神而影响创新绩效的效应，即如果企业家拥有外资企业的职业经历，公司企业家精神在规制环境与创新绩效之间起到的中介作用越强	支持
H21	企业家职业经历调节了认知环境通过公司企业家精神而影响创新绩效的效应，即如果企业家拥有外资企业的职业经历，公司企业家精神在认知环境与创新绩效之间起到的中介作用越强	支持
H22	企业家职业经历调节了规范环境通过公司企业家精神而影响创新绩效的效应，即如果企业家拥有外资企业的职业经历，公司企业家精神在规范环境与创新绩效之间起到的中介作用越强	支持

第 6 章

研究结论及讨论

本书基于中国的转型经济情境，探讨了制度环境对创新绩效的作用机制。通过理论分析和实证检验，本书证实了公司企业家精神的中介作用和企业家特质的调节作用。本章将根据研究结果总结出研究结论、研究贡献，并指出本书的研究局限和未来研究方向。

6.1 研究结论

本书研究的是中国转型经济情境下制度环境对企业创新绩效的作用机制问题。在由高速增长发展模式向高质量发展模式转型情境下，企业的创新活动和创新绩效很大程度上受制于企业所处的制度环境。然而，针对如何解释制度对创新绩效的影响过程这一问题仍鲜有研究。为此，本书基于制度基础观、管理认知和高阶理论，构建了创业制度环境与企业创新绩效之间关系的概念模型，并提出，公司企业家精神在制度环境与创新绩效关系中起着中介作用，同时，企业家特质对这一过程起着调节作用。因此，本书所要检验的主要内容包括两个方面，一是公司企业家精神的中介效应，二是企业家自恋和职业经历的调节效应。经过对北京、福建、重庆、吉林、山西和甘肃六个地区的非国有的高新技术企业为样本进行问卷调查研究，并采用相关分析、逐步回归法、层次回归法、Sobel 检验和 Bootstrap 方法等进行了实证分析，研究发现，公司企业家精神在制度环境与创新绩效的正向关系中起到中介作用，企业家自恋和职业经历正向调节制度环境与公司企业家精神的关系，以及公司企业家精神的中介作用。据此，本书得出以下结论：

6.1.1　制度环境对创新绩效的影响

制度理论认为，制度框架所蕴含的激励以及合法性约束影响企业的战略选择和绩效。一方面，企业的利润来源于创新等生产性活动还是非生产性活动取决于社会制度支付的相对报酬（Baumol，1990）。那么，企业的创新绩效根源于能够决定企业家配置于创新活动的制度报酬结构。另一方面，企业的创新行为以及产生的结果必须要符合所处环境的合法性要求，才能够获得认可和支持。来自规制、规范和认知等方面的制度要素约束着企业的创新想法和创新活动，特别是来自文化、认知模式、信念等内容对创新产生更为深刻的影响。对于具有破坏性和资源依赖性的创新活动而言，合法性是企业获取创新利润和赢得成功的关键。

制度是一个非常复杂和宽泛的概念，多种正式制度和非正式制度共同约束经济活动。具体到创业制度环境，指的是一个国家或地区的关于创新和创业活动的经济、政治和社会制度的发展情况。在转型经济体中，由于复杂制度结构的特征，创业制度环境对转型经济下企业创新绩效的影响显得更为重要。本书采用了布塞尼茨等（Busenitz et al.，2000）开发的创业制度架构，包括规制、认知和规范三个维度。其中，规制环境包括支持公司新业务、减少开设新公司风险的法律、规则和政府政策；认知环境是人们拥有创新业务的知识和技能；规范环境是人们对企业家活动、价值创新思想的认可度。实证结果表明，规制环境、认知环境和规范环境都对创新绩效具有显著的正向影响，因此，这说明企业的创新绩效水平很大程度上受制于企业所处的创业制度环境。创业制度环境越好，就会促进企业的创新活动和创新绩效的实现；反之，创业制度环境越差，企业的创新绩效水平越低。这也启示我们，若要提高企业的创新能力和绩效，必须要建立良好的创业制度环境。

6.1.2 公司企业家精神的中介作用

尽管大量研究证实制度环境对创新绩效具有重要的影响，但是很少触及到制度的作用机制的问题。创新绩效作为企业的一种结果，究竟是由于何种路径被制度环境所影响？对这一问题的探讨有助于理解企业创新绩效的影响因素。根据制度基础观，制度与组织的互动影响了企业的战略选择和绩效，或者说，制度环境对创新绩效的影响是通过企业的战略行为而实现的。公司企业家精神作为一项以创新为核心的战略选择，连接了制度与创新绩效的关系。公司企业家精神是企业对制度环境的一个战略性的适应性响应（Li，2001），制度环境只有与公司企业家精神战略相匹配才能够产生卓越的创新绩效。

对于制度环境对于公司企业家精神的影响，基于制度的战略理论认为，制度决定了企业的战略选择。企业的战略不仅由产业特征和企业资源所驱动，而且是企业家面对制度环境的反映（Peng，2002，2003）。作为企业的一种战略选择，公司企业家精神受到制度环境的影响。创业制度环境通过激励和合法性约束直接影响到企业选择公司企业家精神战略的意愿以及具体的实施过程。中国情境下的公司企业家精神受到独特的制度环境的影响而呈现不同的特征，最明显的则是复杂制度结构派生出不同的战略选择（邹国庆和王京伦，2015）。因此，创业制度环境的质量决定了公司企业家精神的水平。

创新绩效的提高，直接来源于创新和创业战略的成功实施。公司企业家精神是企业为了适应环境变化，以创新为核心，通过创造性地整合资源而获取竞争优势的过程。公司企业家精神反映了企业的创新和创业的战略姿态，为企业的业务范围提供了目标和导向，直接影响企业的创新结果（Covin & Slevin，1989）。公司企业家精神的创新性有利于企业及时发现和把握市场机会，培育企业的创新文化，促进产品的改善和创新；公司企业家精神的先动性有利于企业把握市场的主动权和控制权，从而占据较高的市场份额和利润率；公司企业家精神的风险承担性能够使得企业敢于挑战具有高风险高回报的项目，并有效转化风险和提高创新的成功率。因此，企业实施公司企业家精神战略，有助于实现和提高企业的创新绩效。

经过实证研究，结果表明规制环境、认知环境和规范环境都对公司企业家精神起显著的正向影响，公司企业家精神对创新绩效起显著的正向影响，公司企业家精神在规制环境与创新绩效间、认知环境与创新绩效间、规范环境与创新绩效间起显著的中介作用。这说明，制度环境对创新绩效的影响是通过公司企业家精神产生作用的，即制度环境影响企业的公司企业家精神战略的选择和实施，进而影响到企业的创新绩效水平。企业若要提高创新绩效，不仅需要符合制度的合法性要求，而且需要制定恰当的战略决策，即以公司企业家精神作为实现的路径。

6.1.3 企业家特质的调节作用

面对复杂的制度安排，企业应该选择哪种战略？企业家精神的反应模式和战略逻辑是什么？甚至在同一制度环境下，企业的行为战略和绩效存在显著的差异性。而产生这些疑问的一个重要原因则是在制度对企业战略决策过程的影响中，制度理论没有对企业家或者战略制定者的角色给予充分的认识和讨论。制度环境对企业战略的影响是通过企业家的感知而发挥作用的（Nadkarni & Barr，2008），企业的战略选择来自于企业家对正式和非正式制度的反映。然而，基于有限理性，企业家的管理认知关系到企业家如何对环境进行解读以及做出决策，是连接制度环境与战略选择的中介。由于个人特质等因素，企业家的管理认知具有不同的模式和水平。因而，企业家特质是制度环境与战略选择之间所存在的调节机制。根据已有研究，从心理特质和人口统计学特征两个方面来看，企业家的自恋和职业经历在企业是否采取创新和创业战略以应对环境变化中具有重要的影响。

6.1.3.1 企业家自恋的调节作用

作为一项重要的个性特质，企业家自恋在战略选择中扮演着重要的角色

（田海峰和郁培丽，2014）。自恋型的企业家不仅自大和自信个人的能力，而且持续和强烈地有被赞赏需求以不停地满足自大感。而这样的个性会使企业家倾向于从事大胆的、激进的行动，往往被认为是远见者和革新者。在面对企业所处的制度环境时，自恋型企业家会对现状具有高估的倾向，并表现出信心；对不确定的制度环境带来的风险有更强的容忍度，偏好高风险高回报的项目；面对创新政策的激励，为提高权力和影响力而主动追求创新。自恋影响了企业家的制度逻辑和据此做出的决策，在创业制度质量较低时，企业家的风险偏好和有偏的期望会使其比一般管理者容易做出创新和创业决策，而在创业制度质量较高时，自恋型企业家将更加积极响应制度环境的激励而选择公司企业家精神战略。

本书将董事长/总经理视为企业家，并以 NPI-16 量表对企业家的自恋进行测量。实证研究表明，企业家自恋正向调节规制环境、认知环境和规范环境与公司企业家精神的关系。也就是说，企业家的自恋倾向越高，面对创业制度环境，企业更倾向于采取公司企业家精神战略，即制度环境对公司企业家精神的正向影响越强。这也说明了，面对不断转型的制度环境，那些自信、过高评价自己、追求权力与荣誉、风险偏好的企业家更有意愿、动力和能力去采取具有创新性、风险性和先动性的战略行动。

6.1.3.2　企业家职业经历的调节作用

高阶理论认为，高管因其自身所具有的知识结构和心理特质对其所处的情境进行个性化的诠释，并以此采取行动（Hambrick & Mason，1984）。而人口统计学特征能够在一定程度上反映企业家的认知和价值观，在企业战略研究中有很好的解释力。其中，在有关企业家精神的研究中，职业经历这一特征对于企业家的战略选择有重要的影响。在对外部环境做出响应时，先前经验会影响企业家的信息筛选过程，包括注意力焦点和战略逻辑，进而影响了企业家的决策。因此，职业经历由于影响了企业家的管理认知模式从而影响了制度环境与战略选择之间的关系。职业经历有多种形式，而每一种经历都塑造了企业家独有的知识结构和价值观。在中国转型经济情境下，外资企业和国内传统企业具有较大的差异，而具有外资企业工作经历的企业家，其管理认知模式也呈现不同的特点（Wei & Ling，2015）。具有外资企业的工作经验的企业家接受了更多的市场竞争、创新和重视顾客价值的文化熏陶，形成了强调主动性的战略逻辑，因此对创业制度环境有更积极的响应，敢于承担风险，以及有能力处理制度合法性问题。

本书从企业家是否有外资企业的工作经历来衡量企业家的职业经历的调节作用。实证研究表明，对于拥有外资企业经历的企业家的企业，制度环境对公司企业家精神的正向影响更强。

6.1.4　企业家特质的调节中介作用

根据高阶理论，高层管理者的特质是解释企业战略和绩效的重要因素（Hambrick & Mason，1984）。企业家特质对企业战略制定过程的影响会进一步影响到企业的绩效水平。企业家的自恋倾向和外资工作经历促进了企业家对创业制度环境的积极解读和认知，而以此为基础倾向于采用公司企业家精神战略，而创新创业活动的开展最终会产生创新绩效。制度环境通过公司企业家精神作用于创绩效的效果依赖于企业家是否采取该种战略，而这又源于企业家特质对企业家行为偏好的影响。同时，基于制度的战略观将企业的战略选择和绩效看作是制度与组织互动的结果（Peng，2002，2003），而企业家特质作为重要的组织因素，其与制度的互动产生了企业的战略选择乃至绩效。在本书中，公司企业家精神在制度环境与创新绩效间起到中介作用，而企业家特质调节了制度环境与创新绩效的关系，所以有必要分析企业家特质是否进一步通过公司企业家精神影响到了创新绩效。为此，本书构建了被调节的中介模型，检验企业家自恋和职业经历是否调节了公司企业家精神的中介作用。

基于 Bootstrap 法的被调节的中介模型，本书采用海耶斯（Hayes，2013a，2013b）的系数乘积法对企业家自恋和职业经历两种特质的调节中介作用进行了检验。结果表明，企业家自恋调节了公司企业家精神在规制环境、认知环境和规范环境与创新绩效之间的中介作用。可以看出，企业家自恋倾向越高，制度环境通过公司企业家精神对创新绩效的影响越强。企业家自恋对制度环境和公司企业家精神的调节作用间接影响到了创新绩效。因而，制度环境对创新绩效的影响，不仅是通过公司企业家精神发挥作用的，而且受到企业家自恋倾向的影响。同理，研究表明，企业家职业经历调节了公司企业家精神在制度环境与创新绩效间的中介作用。如果企业家具有外资企业的工作经历，公司企业家精神的中介作用越强；反之越弱。总体来说，企业家特质调节了公司企业家精神在制度环境与创新绩效间的中介作用。这表明，在制度影响创新绩效的过程中，企业家特质发挥了重要的作用，进一步说，企业家在企业的创新战略的制定和绩效获取中扮演了重要的角色。

6.2 研究启示

本书探讨的是中国由高速增长阶段向高质量发展阶段转型升级情境下制度环境对创新绩效的作用机制。经过理论分析和实证研究所得出的研究结论对理论和实践的发展具有一定的启示。

6.2.1 理论启示

第一，本书对探索制度环境对创新绩效的作用机制具有一定的启示。在以往的研究中，虽然有大量证据表明制度对创新绩效有重要的影响，但是缺乏对制度作用机制的分析，特别是从中国情境出发的探索不够。这主要体现在对影响制度环境与创新绩效关系的中介变量和调节变量的分析不足。本书基于中国转型经济的特点，引入公司企业家精神作为中介变量，企业家特质，包括企业家自恋和职业经历作为调节变量，对制度环境的影响过程进行解释。最终通过实证研究证实了本书的假设，即公司企业家精神在制度环境与创新绩效关系中起显著的中介作用，而企业家自恋和职业经历在制度环境与公司企业家精神的关系中起显著的调节作用，同时也对公司企业家精神的中介效应起显著的调节作用。该结论表明，在中国由高速增长阶段向高质量发展阶段转型经济情境下，制度环境通过影响企业的公司企业家精神战略而作用于创新绩效，同时这一过程深受企业家特质的影响。因此，探索制度环境对创新绩效的作用机制可以从引入相关中介变量和调节变量入手。

第二，本书对制度理论和高阶理论的整合能够为许多战略问题提供解决思路。尽管大多数转型经济研究都利用制度理论对企业的战略和绩效做出解释，但是基于制度的基础观的一个假设前提是管理者在制度约束下进行理性的选择，因而无法解释实际情况中同一制度环境下企业战略选择的差异性。尽管彭（Peng，2003）提出了制度转型的二阶段模型，以及考虑不同组织形式、资源寻求战略的不同而分析了企业不同的战略选择和进入方式（Peng，2009），将制度基础观与资源基础观进行整合，提出企业的战略与绩效是制度与组织互动的结果。但是其忽视了企业家或者高层管理者在其中扮演的角色，对组织的内部机理缺乏深入探讨。本研究将制度理论和高阶理论进行整合，证实了企业家特质在制度环境对企业战略和绩效的作用机制中的重要性。因此，本书的研究进一步放松了制度基础观的理性假设，从而揭示了制度因素作用于战略选择的内在机理。实际上，中国管理的复杂性很难用一种理论进行有效的解释。中国企业的管理问题需要综合考虑多种理论视角，这也启示制度研究学者可以结合其他理论来拓展制度理论在战略管理研究中的应用。

第三，本书是对情境化研究的一次有益的尝试。中国的企业管理与西方发达经济体具有明显的差异。这不仅是由于市场经济体制的发展程度的不同，而且来源于中国传统文化和西方文化的冲突。正如新兴经济体（包括转型经济体）的发展推动了制度理论成为战略研究的前沿，从制度入手研究管理问题是中国的情境化研究的关键出路（刘忠明，2009）。中国当下的制度环境是高速增长发展模式下的制度环境和高质量发展模式下的制度环境并存的二元制度结构，这样的制度环境给企业家带来不同的激励和约束，进而派生出不同的战略选择。而在这个过程中，由于转型本身带来环境的不确定性，企业家个人在企业的发展和运营中占据重要的地位。企业家因素纳入到制度的作用机制中，才能有效解释企业的战略选择和绩效问题。本书认为，中国具体情境的研究可以聚焦于制度环境，并且从规制、认知和规范三个角度来全面衡量制度环境，同时结合企业家因素来探讨中国企业的战略和绩效问题。

6.2.2 实践启示

本书的研究不仅具有一定的理论启示，而且为企业的发展提供了一定的实践启示。具体包括以下两个方面：

第一，企业应高度重视制度环境的影响。很多企业时刻关注着市场环境和技术环境的变化，而忽视了其处于某种制度环境中，往往是将制度环境看作一种背景。作为游戏规则，制度环境对企业的战略行为和绩效产生根本性的影响。在中国情境下，高速增长发展模式下的制度环境和高质量发展模式下的制度环境并存，并处于不断的变化中，具有一定的不确定性。不断完善的以市场规则为基础的制度环境会激励企业采取以创业为导向的战略，更加注重市场需求、技术创新和品牌建设；尽管高质量发展的制度环境在不断完善，但是原有高速增长下的制度和传统观念仍在发挥一定的影响，企业可能会倾向于追求短期利益，通过低成本战略和规模扩张的方式实现增长。企业应当对制度环境的现状和变化给予充分的关注，并且在符合制度约束的条件下结合企业的资源和能力制定目标和采取行动。

然而，需要企业警惕的是，不断完善的促进高质量发展的社会主义市场经济体制终将促使企业以市场和创新为导向。在这种制度环境还不完善的情况下采取高速增长战略可以短期促使企业赢得生存，但是从长远来看，企业所形成的惯例会扼杀创新的可能性，使得创新战略难以执行和成功。因此，企业不仅要符合当下的制度规则，而且应该充分认识到制度环境的未来发展，培养战略性思维，甚至发挥主动性去影响制度的变化。企业只有充分考虑制度环境才能实现可持续发展。

第二，企业应当充分重视高层管理者的作用。正如高阶理论所言，高层管理者在企业的战略决策中扮演重要的角色。而在中国的情境下，高层管理者的作用更加突出。这是由于中国转型环境充满复杂、动态和不确定性，而且很多企业尚未形成健全的公司治理制度，加上传统观念的影响，高层管理者特别是最高领导者掌握着企业绝对的控制权。在这样的情况下，高层管理者的能力和特质对企业的发展影响重大。作为战略制定者，高层管理者的管理认知是联系企业外部环境与战略的中间机制。因而，企业应当高度重视对高层管理者的选聘，特别是在充满不确定性的制度环境中，高层管理者对制度环境的认知正确与否关系到企业是否采取符合制度合法性的战略。高层管理者的管理认知从其具体的特质中可以体现出来，比如年龄、工作经历、个性、教育背景等。对于实施创新战略的企业来说，应当选聘具有创新工作经历、成就需求高、敢于承担风险、有自恋倾向、年龄偏小的高层管理者。同时，在人才培养方面，企业应当有选择地培养管理人员的某些能力以满足企业的发展需要。

第三，企业可以利用公司企业家精神这一合法和有效的路径来提高绩效和持续获取竞争优势。公司企业家精神是企业为了适应环境变化，以创新为核心，通过创造性地整合资源而实现新组合以获取竞争优势的战略决策。作为一种价值创造的战略过程，公司企业家精神既是通过创新和冒险来实现不断成长的战略理念，也体现为实际的创业和创新活动。在经济全球化、产品生命周期缩短和技术快速变革的环境下，公司企业家精神被看作是企业获取高水平绩效最为有效的方法和提高各个层次表现的新路径。企业必须要不断地调整、适应，并重新定义自己。在这个创业时代，创新是企业持续获取竞争优势的核心，而公司企业家精神则是实现企业创新和价值提升的重要战略过程。因此，企业若要持续获取竞争优势和实现长期成长，可以借助公司企业家精神这一战略路径而实现。

总之，企业的发展不仅要符合制度约束以寻求合法性，还应当重视高层管理者的能动作用。企业若要提高创新绩效，必须要充分考虑制度环境和高层管理者的影响，并理解制度环境的作用机制。制度环境与高管的匹配才能使企业制定恰当的战略决策。在实现创新目标的过程中，以创新、风险承担和先动性为特点的公司企业家精神是一条有效的路径。而公司企业家精神的水平会受到制度环境和高层管理者认知的影响。因此，对于企业来说，制度环境、高层管理者和战略导向的整合关系着企业的利润水平和长期发展。

6.3 研究局限

虽然本书对理论和实践具有一定的启示和借鉴意义，但是由于时间、成本及个人能力等因素的限制使得本研究仍有一定的局限性。

第一，变量测量的局限。本书对制度环境、公司企业家精神、创新绩效和自恋的测量均采用国外成熟量表。虽然这些量表被证实有较好的信度和效度，并且经过本书的修订，但是其仍是基于西方情境所开发的，对于中国情境下的企业研究仍具有一定的缺陷。特别是对于制度环境的测量，尽管采用的量表从规制、认知和规范三个角度进行刻画，但是并没有充分体现中国的复杂制度环境和传统文化的特征。因此，开发基于中国情境的量表对于中国管理研究非常重要。

第二，样本的局限。本书基于研究内容的考虑选取了非国有的高新技术企业作为研究样本。尽管这些企业对创业制度环境比较敏感，公司企业家精神和创新绩效的代表性较强，以及企业家对企业战略和绩效的解释力度更高，但是限制了本书结论的外部效度，没有考虑到其他性质或行业的企业。并且，样本范围局限于北京、福建、重庆、吉林、山西和甘肃六个地区，未来的研究应该选取更多的企业进行大样本分析。

第三，数据选取的时间限制。本书进行的是横截面研究，仅代表了研究当下时间点的情况。然而，制度的影响、战略的实施过程都具有一定的滞后性，理论模型中的变量关系存在一定的时间效应。因此，本书的实证方法难以充分和明确地证明变量间的因果关系。未来的研究可以尝试进行纵向研究，以及采用时间序列的方法进行分析。特别是由于制度环境在不断地变化，考察制度环境的变化对企业战略和绩效差异的解释力度具有重要意义。

第四，企业家特质的有限。本书讨论了企业家特质对制度环境和公司企业家精神关系的调节效应以及对公司企业家精神的中介效应的调节。企业家特质包含心理特质和人口统计学特质许多方面，本书根据相关文献和研究内容只选取了自恋和职业经历两种特质。尽管证实了自恋和职业经历的调节效应，但是还应该选取更多的特质进行分析。

6.4 研 究 方 向

根据上文提出的研究不足，未来的研究可以从扩大研究样本、开发基于中国情境的量表、采取纵向研究等方面进行努力。除此之外，在选题或者理论发展方面，未来的研究可以从以下四个方面做出尝试。

第一，进一步拓展制度环境的作用机制研究。针对制度环境如何影响创新绩效的问题，本书引入了公司企业家精神作为中介变量，企业家自恋和职业经历作为调节变量，并且实证证实了这些变量的显著作用。但是本书的研究只是对制度作用黑箱的初步探索，现有研究对中间机理的解释有限，未来的研究应该对这一内在机制进行更深入的分析，包括引入更多的中介变量来解释作用路径，和发现更多的调节变量来解释制度发挥影响的条件。并且，应该对这些因素进行系统的整合，综合地看待这些制度的作用机制。

第二，进一步拓展企业家特质在制度环境影响企业战略和绩效这一过程中的作用。制度环境是通过作用于企业家的管理认知这一内在机制对战略和绩效产生作用的，而企业家特质会影响到企业家对制度环境的认知，因而企业家特质是制度环境作用机制的重要组成部分。本书从心理特质和人口统计学特征的角度选取了创业研究和战略研究中对企业家有重要影响的自恋和职业经历两种特质，并实证证明了这两种特质的调节效应。然而，企业家具备多种特质，比如内部控制点、成就需求、核心自我评价、警觉性、职能背景、任期和社会资本等，有证据表明这些特质也对企业家的环境感知和战略制定有重要影响。因此，未来的研究应该探索更多的企业家特质。

第三，进一步拓展制度理论对企业管理问题的研究。制度理论是中国管理研究的重要支柱理论，是对企业行为和绩效进行解释的最有效的工具。以制度为基础的战略理论将制度作为自变量，关注制度和组织之间的动态互动。大量的研究讨论了制度对企业战略的影响，并支持了制度理论的重要性。然而，对战略的分析主要集中于市场导向、创业导向以及跨国企业的进入战略，因此，未来的研究需要扩展到其他的企业行为中。并且，对制度的分析多是基于经济学的角度选择正式制度指标，对非正式制度的关注不够，未来的研究应该扩展制度的内容。重要的是，以往的制度研究缺乏与相关理论的整合。虽然制度理论对转型经济下的企业影响显著，但是企业的战略和绩效是多种因素的综合结果，包括资源、产业、高层管理者、组织结构等。未来的研究应该综合这些因素，以对企业的行为和绩效做出更准确的解释。

第四，重视和探索制度变迁对企业行为与绩效的影响。以往的研究多是将制度环境作为一种静态的，非连续的事件来考察其对企业各项决策、行为和绩效的作用，在一定程度上忽视了制度环境的动态变化。然而，制度一直处于演化中，并且不断改变着企业的选择。转型经济体的制度的关键特征则是制度变迁。制度变迁是一个动态的演化过程，在每一阶段都有其特有的制度逻辑和背景。企业需要高度关注制度的演化所带来的机遇和挑战，不仅要清楚制度变迁的方向和内容，而且要充分认识到变迁的不确定性、速度等特点。因此，未来的研究应该基于动态的制度观，深入分析制度变迁对企业战略决策和绩效的影响，以能够更准确理解企业行为的变化和差异。

附　录

企业调研问卷一

尊敬的先生/女士：

感谢您亲启此调研问卷。恳请您仔细阅读每一题目，并根据贵企业的实际情况逐一填答。本问卷前两部分全部为单项选择，请勾选最接近您的看法的答案。第三部分是您和企业的基本情况，请如实作答。

依据《中华人民共和国统计法》，您寄回的问卷我们将严格保密，不会用于任何商业目的，否则，我们愿承担由此产生的全部责任。本问卷采取匿名形式，请您放心并尽可能客观回答，切勿遗漏任何一题。

再次感谢您对本研究的支持！

第一部分：以下是您对企业所处的制度环境的描述，请在 1~7 之间勾选一项。其中：1 表示非常不同意，7 表示非常同意。

题项	非常不同意	不同意	有些不同意	一般	有些同意	同意	非常同意
1. 当地政府及相关部门积极鼓励企业创新和再创业	1	2	3	4	5	6	7

续表

题项	非常不同意	不同意	有些不同意	一般	有些同意	同意	非常同意
2. 当地政府采购时，会优先考虑有创新和再创业项目的企业	1	2	3	4	5	6	7
3. 当地政府为企业创新和再创业提供特殊政策支持	1	2	3	4	5	6	7
4. 当地政府为企业创新和再创业提供各种资助	1	2	3	4	5	6	7
5. 即使创新创业失败，当地政府也支持企业重新创新和创业	1	2	3	4	5	6	7
6. 本企业知道如何合法保护企业的新业务	1	2	3	4	5	6	7
7. 本企业认识到开创新业务会有很大的风险	1	2	3	4	5	6	7
8. 本企业知道如何应对新业务的风险	1	2	3	4	5	6	7
9. 本企业知道从哪里获得关于新业务/产品的市场信息	1	2	3	4	5	6	7
10. 把创意变成具体业务的行为在本企业受到高度尊敬	1	2	3	4	5	6	7
11. 创新和有创造力的思考是在本企业获得成功的关键因素	1	2	3	4	5	6	7
12. 创新和创业人员在本企业得到广泛的尊重	1	2	3	4	5	6	7
13. 本企业员工都以创新和创业人员为学习对象	1	2	3	4	5	6	7

第二部分：以下是您对自己的评价，共 16 题。每一题有两个选项，请选择最符合自己的选项，在括号内打"√"（只能选择一项）。

---

1. 我知道我是优秀的，因为每个人都这么说（　　）
   当人们称赞我时，我有时感到不好意思（　　）

---

2. 我喜欢成为人群中的焦点（　　）
   我更喜欢做人群中普通的一员（　　）

---

3. 我认为我是一个独特的人（　　）
   我认为我是一个普通的人（　　）

---

4. 我很想成为一个领导（　　）
   我愿意听从指挥（　　）

---

5. 我认为操纵别人很容易（　　）
   我不喜欢操纵别人（　　）

---

6. 我一定要得到属于我的尊重，否则我不会感到满足（　　）
   我常常得到应得的尊重（　　）

---

7. 如果有机会，我会炫耀自己的优势（　　）
   我不喜欢炫耀自己（　　）

---

8. 我总是知道我在做什么（　　）
   有时候我不清楚我在做什么（　　）

---

9. 每个人都喜欢听我的故事（　　）
   有时候我会讲好故事（　　）

---

10. 我期望从其他人那里得到很多（　　）
    我喜欢帮助其他人（　　）

---

11. 我真的喜欢成为他人关注的焦点（　　）
    成为他人关注的焦点会让我感觉不舒服（　　）

---

12. 人们总是认可我的权威（　　）
    成为权威人士对我来说意义并不是很大（　　）

---

13. 我将会成为一个伟大的人（　　）
   我希望自己能获得成功（　　）

14. 我可以让人们相信我想让他们相信的任何事（　　）
   人们有时候会相信我所说的（　　）

15. 我比别人更有能力（　　）
   我可以从别人身上学到很多东西（　　）

16. 我是一个不平凡的人（　　）
   我和大多数人都差不多（　　）

第三部分：以下是您对您自己和企业的基本情况的陈述，请如实回答。

1. 您企业所在的省（市）：_____

2. 您的企业已成立了_____年

   A. 3 年以下 　　　　　　　　B. 4~8 年

   C. 9~15 年 　　　　　　　　D. 16~25 年

   E. 26 年以上

3. 您的企业一共约有_____名员工

   A. 100 人以下 　　　　　　　B. 101~500 人

   C. 501~2000 人 　　　　　　D. 2001~5000 人

   E. 5001 人以上

4. 您的企业的性质是：_____

   A. 国有 　　　　　　　　　　B. 非国有

5. 您企业所处的产业类型是：_____

   A. 高新技术产业 　　　　　　B. 非高新技术产业

6. 您的年龄：_____

   A. 25 岁及以下 　　　　　　　B. 26~35 岁

   C. 36~45 岁 　　　　　　　　D. 46 岁及以上

7. 您的最高学历：＿＿＿＿＿

A. 专科及以下   B. 本科

C. 硕士   D. 博士

8. 您在企业担任的职务：＿＿＿＿＿

A. 总经理或董事长   B. 副总经理

C. 部门经理   D. 其他

9. 您曾经工作过的职能部门：＿＿＿＿＿

A. 生产运营   B. 研发

C. 营销   D. 财会

E. 法律   F. 其他

10. 您在当前职务已经担任的时间：＿＿＿＿＿年

11. 您是否有外资企业的工作经历：＿＿＿＿＿

A. 有   B. 没有

企业调研问卷二

尊敬的先生/女士：

感谢您亲启此调研问卷。恳请您仔细阅读每一题目，并根据贵企业的实际情况逐一填答。本问卷前两部分为单项选择，请勾选最接近您的看法的答案。第三部分是您的基本情况，请如实作答。

依据《中华人民共和国统计法》，您寄回的问卷我们将严格保密，不会用于任何商业目的，否则，我们愿承担由此产生的全部责任。本问卷采取匿名形式，请您放心并尽可能客观回答，切勿遗漏任何一题。

再次感谢您对本研究的支持！

第一部分：以下是您对企业创新绩效的描述（近三年内，与同行业的主要竞争对手相比），请在 1~7 之间勾选一项。其中：1 表示非常不同意，7 表示非常同意。

题项	非常不同意	不同意	有些不同意	一般	有些同意	同意	非常同意
1. 我们常常推出很多新产品/服务	1	2	3	4	5	6	7
2. 我们申请专利的数量很多	1	2	3	4	5	6	7
3. 我们的新产品/服务开发的速度很快	1	2	3	4	5	6	7
4. 我们的新产品/服务开发的成功率很高	1	2	3	4	5	6	7
5. 我们的新产品/服务销售额占总销售额的比重很高	1	2	3	4	5	6	7

第二部分：以下是您对公司企业家精神的描述，请在 1 ~ 7 之间勾选一项。其中：1 表示非常不同意，7 表示非常同意。

题项	非常不同意	不同意	有些不同意	一般	有些同意	同意	非常同意
1. 企业支持通过实验和原始路径来解决问题	1	2	3	4	5	6	7
2. 企业强调设计独有的新的生产过程和方法	1	2	3	4	5	6	7
3. 企业倾向于采取大胆而冒险的决策	1	2	3	4	5	6	7
4. 企业管理团队更偏好可能获得高回报的高风险项目	1	2	3	4	5	6	7
5. 企业倾向于采取积极行动来迅速地抓住机会而非守旧	1	2	3	4	5	6	7
6. 企业倾向于成为目标市场的先行者	1	2	3	4	5	6	7

第三部分：以下是您对自己基本情况的陈述，请如实回答。

1. 您的年龄：_____

   A. 25 岁及以下   B. 26 ~ 35 岁

   C. 36 ~ 45 岁   D. 46 岁及以上

2. 您的最高学历：_____

   A. 专科及以下   B. 本科

   C. 硕士   D. 博士

3. 您在企业担任的职务：_____

   A. 总经理或董事长   B. 副总经理

   C. 部门经理   D. 其他

4. 您在当前职务已经担任的时间：_____年

参考文献

[1] 彼得·圣吉.第五项修炼 [M].郭进隆,译.上海:上海三联书店,1998.

[2] 蔡俊亚,党兴华.创业导向与创新绩效:高管团队特征和市场动态性的影响 [J].管理科学,2015 (5):42-53.

[3] 陈寒松,张凯,朱晓红.制度环境与创新绩效:机会创新性的中介作用 [J].经济与管理评论,2014 (3):69-76.

[4] 陈怀超,范建红.制度距离构成维度的厘定和量表开发 [J].管理评论,2014 (9):69-77,159.

[5] 陈劲,朱朝晖,王安全.公司企业家精神培育的系统理论假设模型及验证 [J].南开管理评论,2003 (5):36-41.

[6] 程俊杰.制度变迁、企业家精神与民营经济发展 [J].经济管理,2016 (8):39-54.

[7] 邓新明,熊会兵,李剑峰,等.政治关联、国际化战略与企业价值:来自中国民营上市公司面板数据的分析 [J].南开管理评论,2014 (1):26-43.

[8] 方杰,张敏强,顾红磊,等.基于不对称区间估计的有调节的中介模型检验 [J].心理科学进展,2014 (10):1660-1668.

[9] 高辉,邹国庆,王京伦.转型经济下企业创新绩效的制度嵌入性研究 [J].山东大学学报（哲学社会科学版）,2016 (1):129-137.

[10] 高照军，武常岐．制度理论视角下的企业创新行为研究：基于国家高新区企业的实证分析 [J]．科学学研究，2014（10）：1580－1592．

[11] 郭宇红．公司创业、知识资本与创业绩效关系研究 [D]．长春：吉林大学，2013．

[12] 何洁芳．基于组织层面的公司企业家精神与新产品创新绩效 [D]．合肥：中国科学技术大学，2014．

[13] 何轩，马骏，朱丽娜，等．制度变迁速度如何影响家族企业主的企业家精神配置：基于动态制度基础观的经验性研究 [J]．南开管理评论，2016（3）：64－76．

[14] 何郁冰．企业技术多样化与企业绩效关系研究 [D]．杭州：浙江大学，2008．

[15] 何铮．从主流战略管理研究折射中国国有企业战略管理实践的演变 [J]．南开管理评论，2006（2）：106－109．

[16] 何铮，谭劲松，陆园园．组织环境与组织战略关系的文献综述及最新研究动态 [J]．管理世界，2006（11）：144－151．

[17] 和苏超，黄旭，陈青．管理者环境认知能够提升企业绩效吗——前瞻型环境战略的中介作用与商业环境不确定性的调节作用 [J]．南开管理评论，2016（6）：49－57．

[18] 黄光国，胡先缙．人情与面子：中国人的权力游戏 [J]．领导文萃，2005（7）：162－166．

[19] 黄静，朱丽娅，周南．企业家微博信息对其形象评价的影响机制研究 [J]．管理世界，2014（9）：107－119．

[20] 黄攸立，陈如琳．企业创新绩效影响因素的研究综述 [J]．北京邮电大学学报（社会科学版），2010（4）：71－77．

[21] 黄攸立，李璐．组织中的自恋型领导研究述评 [J]．外国经济与管理，2014（7）：24－33．

[22] 蒋春燕．高管团队要素对公司企业家精神的影响机制研究：基于长三角民营中小高科技企业的实证分析 [J]．南开管理评论，2011（3）：

72 – 84.

[23] 蒋春燕，孙秀丽. 公司创业研究综述 [J]. 中大管理研究，2013（1）：50 – 78.

[24] 蒋春燕，赵曙明. 公司企业家精神制度环境的地区差异——15 个国家高新技术产业开发区企业的实证研究 [J]. 经济科学，2010（6）：101 – 114.

[25] 蒋春燕，赵曙明. 社会资本和公司企业家精神与绩效的关系：组织学习的中介作用：江苏与广东新兴企业的实证研究 [J]. 管理世界，2006（10）：90 – 99，171 – 172.

[26] 孔东民，李天赏，代昀昊. CEO 过度自信与企业创新 [J]. 中大管理研究，2015（1）：80 – 101.

[27] 李华晶，陈凯. 高管团队、绿色创业导向与企业绩效关系研究 [J]. 软科学，2014（6）：90 – 94.

[28] 李玲，陶厚永. 制度环境、股权制衡对企业创新绩效的影响机理——基于有调节的中介效应 [J]. 技术经济，2012（7）：20 – 27，54.

[29] 李燃，王辉，赵佳卉. 真诚型领导行为对团队创造力的影响 [J]. 管理科学，2016（5）：71 – 82.

[30] 李小青，孙银风. CEO 认知特征对企业技术创新影响研究：基于我国高科技行业上市公司的经验证据 [J]. 科技进步与对策，2013（22）：141 – 145.

[31] 李雪灵，姚一玮，王利军. 新企业创业导向与创新绩效关系研究：积极型市场导向的中介作用 [J]. 中国工业经济，2010（6）：116 – 125.

[32] 李育辉，王桢，黄灿炜，等. 辱虐管理对员工心理痛苦和工作绩效的影响：一个被调节的中介模型 [J]. 管理评论，2016（2）：127 – 137.

[33] 李垣，田龙伟. 中国情景与中国管理研究：转型特征与文化认知特征的整合观点 [J]. 管理学报，2013（2）：168 – 170，205.

[34] 梁巧转，孟瑶，刘炬，等. 创业团队成员人格特质和工作价值观与创业绩效：基于创业导向的中介作用 [J]. 科学学与科学技术管理，2012

（7）：171 - 180.

[35] 林英晖，程垦. 领导 - 部属交换与员工亲组织非伦理行为：差序格局视角 [J]. 管理科学，2016（5）：57 - 70.

[36] 林亚清，赵曙明. 政治网络战略、制度支持与战略柔性——恶性竞争的调节作用 [J]. 管理世界，2013a（4）：82 - 93，188.

[37] 刘伟，杨贝贝，刘严严. 新企业创业导向战略并购的区域差异影响因素分析——基于我国内地 20 个省市的研究 [J]. 科技进步与对策，2014b（8）：43 - 47.

[38] 刘伟，杨贝贝，刘严严. 制度环境对新创企业创业导向的影响——基于创业板的实证研究 [J]. 科学学研究，2014（3）：421 - 430.

[39] 刘向东. 自恋型管理者特质对企业战略和绩效的影响浅探 [J]. 现代财经（天津财经大学学报），2010（3）：47 - 50.

[40] 刘忠明. 从中国战略到全球战略 [J]. 战略管理，2009，1（1）：41 - 48.

[41] 吕源，徐二明. 制度理论与企业战略研究 [J]. 战略管理，2009，1（1）：14 - 22.

[42] 罗胜强，姜嬿. 管理学问卷调查研究方法 [M]. 重庆：重庆大学出版社，2014.

[43] 罗小芳，卢现祥. 制度质量：衡量与价值 [J]. 国外社会科学，2011（2）：43 - 51.

[44] 马富萍，茶娜. 环境规制对技术创新绩效的影响研究：制度环境的调节作用 [J]. 研究与发展管理，2012（1）：60 - 66，77.

[45] 马卫红. 外资研发、制度环境与我国工业企业创新：基于微观企业数据的实证研究 [J]. 兰州商学院学报，2015（1）：26 - 35.

[46] 牟新莹. 企业内部创业的组织因素对技术创新绩效的影响 [D]. 青岛：中国海洋大学，2013.

[47] 欧雪银. 企业家努力和企业家能力差异的影响因素 [J]. 社会科学家，2012（3）：80 - 84.

［48］彭维刚.从中国战略到全球战略［J］.战略管理，2009，1（1）：1-13.

［49］秦令华，井润田，王国锋.私营企业主可观察经历、战略导向及其匹配对绩效的影响研究［J］.南开管理评论，2012（4）：36-47.

［50］尚航标，黄培伦.新制度主义对战略管理的理论意义［J］.管理学报，2011（3）：396-402.

［51］邵传林.制度环境、产权性质与企业家创新精神——来自中国工业企业的经验证据［J］.证券市场导报，2015（3）：20-25，38.

［52］时鹏程，许磊.论企业家精神的三个层次及其启示［J］.外国经济与管理，2006（2）：44-51.

［53］孙秀丽，蒋春燕.公司企业家精神的中介作用研究：以珠三角地区为实证案例［J］.科学学与科学技术管理，2011（3）：158-164.

［54］孙秀丽，赵曙明，蒋春燕.制度支持、公司创业与企业绩效：不正当竞争与技术能力的调节作用［J］.科技进步与对策，2016（11）：61-67.

［55］田国强，陈旭东.中国经济如何稳中求进和高质量发展［J］.学术月刊，2022，54（6）：34-46.

［56］田海峰，郁培丽.CEO个性与战略研究述评及其未来展望［J］.外国经济与管理，2014（11）：55-62.

［57］涂智苹，宋铁波.制度压力下企业战略反应研究述评与展望［J］.外国经济与管理，2016，38（11）：101-114.

［58］汪翔，张平.创业者特质概念研究综述［J］.现代商贸工业，2014（13）：71-72.

［59］汪秀琼，吴小节，蓝海林，等.企业战略管理研究新进展：基于制度经济学和组织社会学制度理论的视角［J］.河北经贸大学学报，2011（4）：16-21.

［60］王德才，赵曙明.创业制度与公司企业家精神关系：基于珠三角高科技企业的实证研究［J］.科技进步与对策，2013（19）：83-88.

[61] 王飞绒，池仁勇．发达国家与发展中国家创业环境比较研究 [J]．外国经济与管理，2005（11）：43 –50．

[62] 王京伦．转型经济下的组织学习与组织绩效关系研究 [D]．长春：吉林大学，2016．

[63] 王雪莉，马琳，王艳丽．高管团队职能背景对企业绩效的影响：以中国信息技术行业上市公司为例 [J]．南开管理评论，2013（4）：80 –93．

[64] 王永跃，段锦云．政治技能如何影响员工建言：关系及绩效的作用 [J]．管理世界，2015（3）：102 –112．

[65] 魏江，戴维奇，林巧．公司创业研究领域两个关键构念：创业导向与公司创业的比较 [J]．外国经济与管理，2009（1）：24 –31．

[66] 魏江，邬爱其，彭雪蓉．中国战略管理研究：情境问题与理论前沿 [J]．管理世界，2014（12）：167 –171．

[67] 魏明．企业家人力资本的自我甄别与市场配置：企业家人力资本的理论模型及其涵义 [J]．南开管理评论，2004（2）：56 –62．

[68] 魏下海，董志强，刘愿．政治关系、制度环境与劳动收入份额：基于全国民营企业调查数据的实证研究 [J]．管理世界，2013（5）：35 –46，187．

[69] 温忠麟，刘红云，侯杰泰．调节效应和中介效应分析 [M]．北京：教育科学出版社，2012．

[70] 温忠麟，叶宝娟．有调节的中介模型检验方法：竞争还是替补？[J]．心理学报，2014（5）：714 –726．

[71] 温忠麟，叶宝娟．中介效应分析：方法和模型发展 [J]．心理科学进展，2014（5）：731 –745．

[72] 文东华，童卫华，彭希．CEO自恋、所有权性质和组织后果：来自中国上市公司的证据 [J]．经济管理，2015（8）：65 –75．

[73] 熊红星，张璟，叶宝娟，等．共同方法变异的影响及其统计控制途径的模型分析 [J]．心理科学进展，2012（5）：757 –769．

［74］熊泽．心智模式理论及其应用［D］．武汉：华中农业大学，2012.

［75］徐淑英，张志学．管理问题与理论建立：开展中国本土管理研究的策略［J］．南大商学评论，2005（4）：1－18.

［76］杨俊，田莉，张玉利，等．创新还是模仿：创业团队经验异质性与冲突特征的角色［J］．管理世界，2010（3）：84－96.

［77］杨俊，张玉利，刘依冉．创业认知研究综述与开展中国情境化研究的建议［J］．管理世界，2015（9）：158－169.

［78］姚振华．创业团队组成特征与研发强度：基于创业板上市公司的研究［J］．浙江工商大学学报，2014（1）：101－109.

［79］易靖韬，张修平，王化成．企业异质性、高管过度自信与企业创新绩效［J］．南开管理评论，2015（6）：101－112.

［80］余菁．中道西用：中国管理学自主知识体系构建方向［J］．经济管理，2023，45（10）：5－26.

［81］张峰，王睿．政府管制与双元创新［J］．科学学研究，2016（6）：938－950.

［82］张平，黄智文，高小平．企业政治关联与创业企业创新能力的研究：高层管理团队特征的影响［J］．科学学与科学技术管理，2014（3）：117－125.

［83］张涛．高质量发展的理论阐释及测度方法研究［J］．数量经济技术经济研究，2020，37（5）：23－43.

［84］张序．企业家概念及其相关问题辨析［J］．社会科学研究，2005（1）：122－127.

［85］张兆国，徐雅琴，成娟．营商环境、创新活跃度与企业高质量发展［J］．中国软科学，2024（1）：130－138.

［86］张正勇，吉利．企业家人口背景特征与社会责任信息披露：来自中国上市公司社会责任报告的经验证据［J］．中国人口·资源与环境，2013（4）：131－138.

［87］赵欢欢，克燕南，张和云，等．家庭功能对青少年道德推脱的影响：

责任心与道德认同的作用 [J]. 心理科学, 2016 (4): 907-913.

[88] 赵文红, 孙卫. 创业者认知偏差与连续创业的关系研究 [J]. 科学学研究, 2012 (7): 1063-1070.

[89] 赵兴庐, 刘衡, 张建琦. 市场化程度的感知、产权制度与企业创新精神: 国有和民营企业的比较研究 [J]. 南方经济, 2014 (5): 25-41.

[90] 赵振. 开放式创新效能提升的制度基础: 关系治理还是契约治理 [J]. 科技进步与对策, 2016 (1): 101-107.

[91] 郑华. CEO 职业经历多样性与公司多元化战略选择 [D]. 大连: 东北财经大学, 2016.

[92] 郑玮, 沈睿, 林道谧, 路江涌. 海归创业者本土适应对企业绩效的影响机制研究 [J]. 管理学季刊, 2016 (Z1): 92-109.

[93] 郑湘娟. 心智模式与民营企业家自主创新 [J]. 宁波大学学报 (人文科学版), 2007 (1): 104-107, 124.

[94] 周浩, 龙立荣. 共同方法偏差的统计检验与控制方法 [J]. 心理科学进展, 2004 (6): 942-950.

[95] 周雪光. 组织社会学十讲 [M]. 北京: 中国社会科学文献出版社, 2003.

[96] 朱虹. 国家制度和企业战略 [J]. 战略管理, 2009, 1 (1): 60-65.

[97] 邹国庆, 王京伦. 转型经济体的制度情境及企业战略选择 [J]. 社会科学战线, 2015 (10): 66-73.

[98] Ağca V, Topal Y, Kaya H. Linking intrapreneurship activities to multidimensional firm performance in Turkish manufacturing firms: An empirical study [J]. International Entrepreneurship and Management Journal, 2012, 8 (1): 15-33.

[99] Ahlstrom D, Bruton G D. An institutional perspective on the role culture in shaping strategic actions by technology-focused entrepreneurial firms in China [J]. Entrepreneurship Theory and Practice, 2002, 26 (4): 53-70.

[100] Aidis R, Estrin S, Mickiewicz T. Institutions and entrepreneurship devel-

opment in Russia: A comparative perspective [J]. Journal of Business Venturing, 2008, 23 (6): 656 – 672.

[101] Aldrich H E, Fiol C M. Fools rush in? The institutional context of industry creation [J]. Academy of Management Review, 1994, 19 (4): 645 – 670.

[102] Alegre J, Chiva R. Linking entrepreneurial orientation and firm performance: The role of organizational learning capability and innovation performance [J]. Journal of Small Business Management, 2013, 51 (4): 491 – 507.

[103] Allinson C W, Chell E, Hayes J. Intuition and entrepreneurial behaviour [J]. European Journal of Work and Organizational Psychology, 2000, 9 (1): 31 – 43.

[104] Allport G W. Pattern and growth in personality [M]. New York: Holt, Rinehart, & Winston, 1961.

[105] Alvarez S A, Barney J B. Resource-based theory and the entrepreneurial firm [M]//Hitt M A, Ireland R D, Camp S M, et al. Strategic Entrepreneurship: Creating A New Mindset, Oxford: Blackwell, 2002: 89 – 105.

[106] Ames D R, Rose P, Anderson C P. The NPI-16 as a short measure of narcissism [J]. Journal of Research in Personality, 2006, 40 (4): 440 – 450.

[107] Antoncic B, Hisrich R D. Intrapreneurship: Construct refinement and cross-cultural validation [J]. Journal of Business Venturing, 2001, 16 (5): 495 – 527.

[108] Armesh H, Wei C C, Ghalandarzehie K, et al. Impact of organization and environment components on corporate entrepreneurship and firm performance: Mediating role of corporate entrepreneurship exploring on [J]. Journal of Basic & Applied Scientific Research, 2014, 4 (3): 113 – 124.

[109] Arthur M B, Khapova S N, Wilderom C P M. Career success in a bound-

aryless career world [J]. Journal of Organizational Behavior, 2005, 26 (2): 177 – 202.

[110] Ashby H U, Lee R R, Duke E H. A narcissistic personality disorder MMPI scale [C]//87th Annual Convention of the American Psychological Association, New York, NY, 1979.

[111] Atuahene-Gima K, Li H, De Luca L M. The contingent value of marketing strategy innovativeness for product development performance in Chinese new technology ventures [J]. Industrial Marketing Management, 2006, 35 (3): 359 – 372.

[112] Atuahene-Gima K, Li H. Strategic decision comprehensiveness and new product development outcomes in new technology ventures [J]. Academy of Management Journal, 2004, 47 (4): 583 – 597.

[113] Atuahene-Gima K. Resolving the capability-rigidity paradox in new product innovation [J]. Journal of Marketing, 2005, 69 (4): 61 – 83.

[114] Autio E, Pathak S, Wennberg K. Consequences of cultural practices for entrepreneurial behaviors [J]. Journal of International Business Studies, 2013, 44 (4): 334 – 362.

[115] Bakar M S, Mahmood R, Ramli A, et al. Knowledge sharing behaviour and performance of academic leaders: Mediating role of corporate entrepreneurship [J]. Middle-East Journal of Scientific Research, 2016, 24 (6): 2028 – 2035.

[116] Barney J. Firm resources and sustained competitive advantage [J]. Journal of Management, 1991, 17 (1): 99 – 120.

[117] Baron R M, Kenny D A. The moderator-mediator variable distinction in social psychological research: Conceptual, strategic, and statistical considerations [J]. Journal of Personality and Social Psychology, 1986, 51 (6): 1173 – 1182.

[118] Barr P S, Huff A S. Seeing isn't believing: Understanding diversity in the

timing of strategic response [J]. Journal of Management Studies, 1997, 34 (3): 337 – 370.

[119] Baum J R, Locke E A. The relationship of entrepreneurial traits, skill, and motivation to subsequent venture growth [J]. Journal of Applied Psychology, 2004, 89 (4): 587 – 598.

[120] Baumol W J. Entrepreneurship: Productive, unproductive, and destructive [J]. Journal of Political Economy, 1990, 98 (5): 893 – 921.

[121] Becker G S. Human capital [M]. Chicago: University of Chicago Press, 1964.

[122] Benitez-Amado J, Llorens-Montes F J, Nieves Perez-Arostegui M. Information technology-enabled intrapreneurship culture and firm performance [J]. Industrial Management & Data Systems, 2010, 110 (4): 550 – 566.

[123] Bermiss Y S, Murmann J P. Who matters more? The impact of functional background and top executive mobility on firm survival [J]. Strategic Management Journal, 2015, 36 (11): 1697 – 1716.

[124] Bernardin H J, Beatty R W. Performance appraisal: Assessing human behavior at work [M]. Kent Pub. Co. , 1984.

[125] Berrone P, Fosfuri A, Gelabert L, et al. Necessity as the mother of 'green' inventions: Institutional pressures and environmental innovations [J]. Strategic Management Journal, 2013, 34 (8): 891 – 909.

[126] Bhardwaj B R, Momaya K. Corporate entrepreneurship: Application of moderator method [J]. Singapore Management Review, 2007, 29 (1): 47 – 59.

[127] Bird B J. Entrepreneurial behavior. Glenview, ILL: Scott, Foresman and Company; Starr J A, Fondas N. A Model of Entrepreneurial Socialization Entrepreneurship Theory and Practice, 1989, 17 (1): 67 – 76.

[128] Bleeker I. The influence of entrepreneurial orientation on the innovation

process: An empirical research on manufacturing SMEs [D]. University of Twente, 2011.

[129] Brislin R W. Translation and content analysis of oral and written material [J]. Handbook of Cross-cultural Psychology, 1980, 2 (2): 349 –444.

[130] Brockman B K, Morgan R M. The role of existing knowledge in new product innovativeness and performance [J]. Decision Sciences, 2003, 34 (2): 385 –419.

[131] Bruton G D, Lau C M, Obloj K. Institutions, resources and firm strategies: A comparative analysis of entrepreneurial firms in three transitional economies [J]. European Journal of International Management, 2014, 8 (6): 697 –720.

[132] Burgelman R A. A process model of internal corporate venturing in the diversified major firm [J]. Administrative Science Quarterly, 1983: 223 – 244.

[133] Busenitz L W, Gomez C, Spencer J W. Country institutional profiles: Unlocking entrepreneurial phenomena [J]. Academy of Management Journal, 2000, 43 (5): 994 –1003.

[134] Campbell J P. On the nature of organizational effectiveness [J]. New Perspectives on Organizational Effectiveness, 1977, 13: 55.

[135] Campbell W K, Goodie A S, Foster J D. Narcissism, confidence, and risk attitude [J]. Journal of Behavioral Decision Making, 2004, 17 (4): 297 –311.

[136] Campos E B, de Pablos P O. Innovation and learning in the knowledge-based economy: Challenges for the firm [J]. International Journal of Technology Management, 2004, 27 (6): 531 –532.

[137] Capelleras J L, Mole K F, Greene F J, et al. Do more heavily regulated economies have poorer performing new ventures? Evidence from Britain and Spain [J]. Journal of International Business Studies, 2008, 39 (4):

688 - 704.

[138] Chaganti R, Sambharya R. Strategic orientation and characteristics of upper management [J]. Strategic Management Journal, 1987, 8 (4): 393 - 401.

[139] Chang Y C, Chang H T, Chi H R, et al. How do established firms improve radical innovation performance? The organizational capabilities view [J]. Technovation, 2012, 32 (7): 441 - 451.

[140] Chatterjee A, Hambrick D C. Executive personality, capability cues, and risk taking: How narcissistic CEOs react to their successes and stumbles [J]. Administrative Science Quarterly, 2011, 56 (2): 202 - 237.

[141] Chatterjee A, Hambrick D C. It's all about me: Narcissistic chief executive officers and their effects on company strategy and performance [J]. Administrative Science Quarterly, 2007, 52 (3): 351 - 386.

[142] Cheng J L C. Notes: On the concept of universal knowledge in organizational science: Implications for cross-national research [J]. Management Science, 1994, 40 (1): 162 - 168.

[143] Chen Y, Tang G, Jin J, et al. CEOs' transformational leadership and product innovation performance: The roles of corporate entrepreneurship and technology orientation [J]. Journal of Product Innovation Management, 2014, 31 (S1): 2 - 17.

[144] Chen Y, Wang Y, Nevo S, et al. IT capabilities and product innovation performance: The roles of corporate entrepreneurship and competitive intensity [J]. Information & Management, 2015, 52 (6): 643 - 657.

[145] Child J. Organizational structure, environment and performance: The role of strategic choice [J]. Sociology, 1972, 6 (1): 1 - 22.

[146] Cillo P, De Luca L M, Troilo G. Market information approaches, product innovativeness, and firm performance: An empirical study in the fashion industry [J]. Research Policy, 2010, 39 (9): 1242 - 1252.

[147] Coase R H. The nature of the firm [J]. Economica, 1937, 4 (16): 386 – 405.

[148] Covin J G, Miles M P. Corporate entrepreneurship and the pursuit of competitive advantage [J]. Entrepreneurship Theory and Practice, 1999, 23 (3): 47 – 47.

[149] Covin J G, Slevin D P. A conceptual model of entrepreneurship as firm behavior [J]. Entrepreneurship Theory and Practice, 1991, 16 (1): 7 – 25.

[150] Covin J G, Slevin D P. Strategic management of small firms in hostile and benign environments [J]. Strategic Management Journal, 1989, 10 (1): 75 – 87.

[151] Covin J G, Wales W J. The measurement of entrepreneurial orientation [J]. Entrepreneurship Theory and Practice, 2012, 36 (4): 677 – 702.

[152] Crawford G C, Kreiser P M. Corporate entrepreneurship strategy: Extending the integrative framework through the lens of complexity science [J]. Small Business Economics, 2015, 45 (2): 403 – 423.

[153] Cyert R M, March J G. A behavioral theory of the firm [M]. Englewood Cliffs: Prentice-Hall, 1963.

[154] Daellenbach U S, McCarthy A M, Schoenecker T S. Commitment to innovation: The impact of top management team characteristics [J]. R&D Management, 1999, 29 (3): 199 – 208.

[155] Dai W, Alon I, Jiao H. Financial marketization and corporate venturing in China: The impact of provincial-level institutions on the pharmaceutical sector [J]. Journal of Entrepreneurship in Emerging Economies, 2015, 7 (1): 2 – 22.

[156] Dalziel T, Gentry R J, Bowerman M. An integrated agency-resource dependence view of the influence of directors' human and relational capital on firms' R&D spending [J]. Journal of Management Studies, 2011, 48

(6): 1217 – 1242.

[157] Dalziel T. The influence of boards and top management teams on corporate entrepreneurship [D]. Arizona State University, 2005.

[158] Davidsson P. The domain of entrepreneurship research: Some suggestions [M]//Cognitive approaches to entrepreneurship research. Emerald Group Publishing Limited, 2003: 315 – 372.

[159] del Rosario P M, White R M. The Narcissistic Personality Inventory: Test-retest stability and internal consistency [J]. Personality and Individual Differences, 2005, 39 (6): 1075 – 1081.

[160] Deutschman A. Is your boss a psychopath [J]. Fast Company, 2005, 96: 44 – 51.

[161] De Vries M F R K, Miller D. Narcissism and leadership: An object relations perspective [J]. Human Relations, 1985, 38 (6): 583 – 601.

[162] Dickson P H, Weaver K M. The role of the institutional environment in determining firm orientations towards entrepreneurial behavior [J]. International Entrepreneurship and Management Journal, 2008, 4 (4): 467 – 483.

[163] DiMaggio P J. Interest and agency in institutional theory [J]. Institutional Patterns and Organizations: Culture and Environment, 1988, 1: 3 – 22.

[164] DiMaggio P J, Powell W W. The iron cage revisited: Institutional isomorphism and collective rationality [J]. American Sociological Review, 1983, 48: 147 – 160.

[165] DiMaggio P J, Powell W W. The new institutionalism in organizational analysis [M]. Chicago, IL: University of Chicago Press, 1991.

[166] Doh J P, Pearce J A. Corporate entrepreneurship and real options in transitional policy environments: Theory development [J]. Journal of Management Studies, 2004, 41 (4): 645 – 664.

[167] Douglas S, Dubois B. Looking at cultural environment for international mar-

keting opportunities ［J］. Columbia Journal of World Business, 1977, 12 (4): 102 – 109.

［168］ Drucker P F. Post-capitalist society ［M］. New York: Harper Business, 1993.

［169］ Eddleston K A, Kellermanns F W, Zellweger T M. Exploring the entrepreneurial behavior of family firms: Does the stewardship perspective explain differences? ［J］. Entrepreneurship Theory and Practice, 2012, 36 (2): 347 – 367.

［170］ Edwards J R, Lambert L S. Methods for integrating moderation and mediation: A general analytical framework using moderated path analysis ［J］. Psychological Methods, 2007, 12 (1): 1 – 22.

［171］ Emmons R. Narcissism: Theory and measurement ［J］. Journal of Personality and Social Psychology, 1987, 52 (1): 11 – 17.

［172］ Engelen A, Neumann C, Schmidt S. Should entrepreneurially oriented firms have narcissistic CEOs? ［J］. Journal of Management, 2016, 42 (3): 698 – 721.

［173］ Engelen A, Neumann C, Schwens C. "Of course I can": The effect of CEO overconfidence on entrepreneurially oriented firms ［J］. Entrepreneurship Theory and Practice, 2015, 39 (5): 1137 – 1160.

［174］ Entrialgo M, Fernández E, Vázquez C J. Psychological characteristics and process: The role of entrepreneurship in Spanish SMEs ［J］. European Journal of Innovation Management, 2000, 3 (3): 137 – 149.

［175］ Fayolle A, Basso O, Bouchard V. Three levels of culture and firms' entrepreneurial orientation: A research agenda ［J］. Entrepreneurship and Regional Development, 2010, 22 (7 – 8): 707 – 730.

［176］ Finkelstein S, Hambrick D C. Strategic leadership: Top executives and their effects on organizations ［M］. St. Paul: West Educational Publishing, 1996.

[177] Fiske S T, Taylor S E. Social cognition: From brains to culture [M]. Sage, 2013.

[178] Floyd S W, Wooldridge B. Knowledge creation and social networks in corporate entrepreneurship: The renewal of organizational capability [J]. Entrepreneurship Theory and Practice, 1999, 23 (3): 123 - 123.

[179] Fornell C, Larcker D F. Evaluating structural equation models with unobservable variables and measurement error [J]. Journal of Marketing Research, 1981: 39 - 50.

[180] Foster J D, Reidy D E, Misra T A, et al. Narcissism and stock market investing: Correlates and consequences of cocksure investing [J]. Personality and Individual Differences, 2011, 50 (6): 816 - 821.

[181] Freud S. Remembering, repeating and working-through (Further recommendations on the technique of psycho-analysis II) [J]. Standard Edition, 1914, 12: 145 - 156.

[182] Froehlich J K, Hoegl M, Weiss M. Thematic thinking and individual performance in research and development [J]. Journal of Product Innovation Management, 2015, 32 (6): 939 - 953.

[183] Gallén T. Managers and strategic decisions: Does the cognitive style matter? [J]. Journal of Management Development, 2006, 25 (2): 118 - 133.

[184] García-Morales V J, Bolívar-Ramos M T, Martín-Rojas R. Technological variables and absorptive capacity's influence on performance through corporate entrepreneurship [J]. Journal of Business Research, 2014, 67 (7): 1468 - 1477.

[185] Gartner W B, Bird B J, Starr J A. Acting as if: Differentiating entrepreneurial from organizational behavior [J]. Entrepreneurship Theory and Practice, 1992, 16 (3): 13 - 31.

[186] Gary M S, Wood R E, Pillinger T. Enhancing mental models, analogical transfer, and performance in strategic decision making [J]. Strategic Man-

agement Journal, 2012, 33 (11): 1229 – 1246.

[187] Gavetti G, Levinthal D A, Rivkin J W. Strategy making in novel and complex worlds: The power of analogy [J]. Strategic Management Journal, 2005, 26 (8): 691 – 712.

[188] Geletkanycz M A. The salience of 'culture's consequences': The effects of cultural values on top executive commitment to the status quo [J]. Strategic Management Journal, 1997, 18 (8): 615 – 634.

[189] Gerstner W C, König A, Enders A, et al. CEO narcissism, audience engagement, and organizational adoption of technological discontinuities [J]. Administrative Science Quarterly, 2013, 58 (2): 257 – 291.

[190] Gilovich T, Griffin D, Kahneman D. Heuristics and biases: The psychology of intuitive judgment [M]. Cambridge: Cambridge University Press, 2002.

[191] Gittelman M. National institutions, public-private knowledge flows, and innovation performance: A comparative study of the biotechnology industry in the US and France [J]. Research Policy, 2006, 35 (7): 1052 – 1068.

[192] Gómez-Haro S, Aragón-Correa J A, Cordón-Pozo E. Differentiating the effects of the institutional environment on corporate entrepreneurship [J]. Management Decision, 2011, 49 (10): 1677 – 1693.

[193] Goodale J C, Kuratko D F, Hornsby J S, et al. Operations management and corporate entrepreneurship: The moderating effect of operations control on the antecedents of corporate entrepreneurial activity in relation to innovation performance [J]. Journal of Operations Management, 2011, 29 (1): 116 – 127.

[194] Goosen C J, de Coning T J, Smit E M. Corporate entrepreneurship and financial performance: The role of management [J]. South African Journal of Business Management, 2002, 33 (4): 21 – 27.

[195] Grant R M. Prospering in dynamically-competitive environments: Organiza-

tional capability as knowledge integration [J]. Organization Science, 1996, 7 (4): 375 –387.

[196] Gunawan T, Jacob J, Duysters G. Network ties and entrepreneurial orientation: Innovative performance of SMEs in a developing country [J]. International Entrepreneurship and Management Journal, 2016, 12 (2): 575 – 599.

[197] Gunday G, Ulusoy G, Kilic K, et al. Effects of innovation types on firm performance [J]. International Journal of Production Economics, 2011, 133 (2): 662 –676.

[198] Gustafsson V, Breitenecker R, Tutov L, et al. Movie stars in lecture halls: Are entrepreneurship students prone to narcissism? [C]//Academy of Management Proceedings. Academy of Management, 2015, 2015 (1): 17209.

[199] Guth W D, Ginsberg A. Guest editors' introduction: Corporate entrepreneurship [J]. Strategic Management Journal, 1990, 11 (5): 5 –15.

[200] Hagedoorn J, Cloodt M. Measuring innovative performance: Is there an advantage in using multiple indicators? [J]. Research Policy, 2003, 32 (8): 1365 –1379.

[201] Hall P A, Taylor R C R. Political science and the three new institutionalisms [J]. Political Studies, 1996, 44 (5): 936 –957.

[202] Hambrick D C, Mason P A. Upper echelons: The organization as a reflection of its top managers [J]. Academy of Management Review, 1984, 9 (2): 193 –206.

[203] Hambrick D C, Quigley T J. Toward more accurate contextualization of the CEO effect on firm performance [J]. Strategic Management Journal, 2014, 35 (4): 473 –491.

[204] Hambrick D C. Top management groups: A conceptual integration and reconsideration of the "team" label [J]. Research in Organizational Behav-

ior, 1994, 6: 171 – 214.

[205] Hambrick D C. Upper echelons theory: An update [J]. Academy of Management Review, 2007, 32 (2): 334 – 343.

[206] Hayes A F. A simple test of moderated mediation [EB/OL]. http://www.afhayes.com/, 2013a.

[207] Hayes A F. Beyond Baron and Kenny: Statistical mediation analysis in the new millennium [J]. Communication Monographs, 2009, 76 (4): 408 – 420.

[208] Hayes A F. Introduction to mediation, moderation, and conditional process analysis: A regression-based approach [M]. Guilford Press, 2013b.

[209] Hayton J C. Competing in the new economy: The effect of intellectual capital on corporate entrepreneurship in high-technology new ventures [J]. R&D Management, 2005, 35 (2): 137 – 155.

[210] Hayton J C, George G, Zahra S A. National culture and entrepreneurship: A review of behavioral research [J]. Entrepreneurship Theory and Practice, 2002, 26 (4): 33 – 53.

[211] Hayton J C. Promoting corporate entrepreneurship through human resource management practices: A review of empirical research [J]. Human Resource Management Review, 2005, 15 (1): 21 – 41.

[212] Hayward M L A, Shepherd D A, Griffin D. A hubris theory of entrepreneurship [J]. Management Science, 2006, 52 (2): 160 – 172.

[213] Heavey C, Simsek Z, Roche F, et al. Decision comprehensiveness and corporate entrepreneurship: The moderating role of managerial uncertainty preferences and environmental dynamism [J]. Journal of Management Studies, 2009, 46 (8): 1289 – 1314.

[214] Heyden M L M, Sidhu J S, Volberda H W. The conjoint influence of top and middle management characteristics on management innovation [J]. Journal of Management, 2015: 0149206315614373.

[215] Hirshleifer D, Low A, Teoh S H. Are overconfident CEOs better innovators? [J]. The Journal of Finance, 2012, 67 (4): 1457 – 1498.

[216] Hitt M A, Biermant L, Shimizu K, et al. Direct and moderating effects of human capital on strategy and performance in professional service firms: A resource-based perspective [J]. Academy of Management Journal, 2001, 44 (1): 13 – 28.

[217] Holmes R M, Zahra S A, Hoskisson R E, Deghetto K, Sutton T. The role of institutions and technology policy for firms' corporate entrepreneurship and political strategies [J]. Academy of Management Perspectives, 2015, 1 (36): 1 – 57.

[218] Hornsby J S, Kuratko D F, Holt D T, et al. Assessing a measurement of organizational preparedness for corporate entrepreneurship [J]. Journal of Product Innovation Management, 2013, 30 (5): 937 – 955.

[219] Hornsby J S, Kuratko D F, Zahra S A. Middle managers' perception of the internal environment for corporate entrepreneurship: Assessing a measurement scale [J]. Journal of Business Venturing, 2002, 17 (3): 253 – 273.

[220] Hoskisson R E, Eden L, Lau C M, et al. Strategy in emerging economies [J]. Academy of Management Journal, 2000, 43 (3): 249 – 267.

[221] Huang S, Ding D, Chen Z. Entrepreneurial leadership and performance in Chinese new ventures: A moderated mediation model of exploratory innovation, exploitative innovation and environmental dynamism [J]. Creativity and Innovation Management, 2014, 23 (4): 453 – 471.

[222] Ireland R D, Covin J G, Kuratko D F. Conceptualizing corporate entrepreneurship strategy [J]. Entrepreneurship Theory and Practice, 2009, 33 (1): 19 – 46.

[223] Jia L, You S, Du Y. Chinese context and theoretical contributions to management and organization research: A three-decade review [J]. Manage-

ment and Organization Review, 2012, 8 (1): 173 –209.

[224] Joshi M P. Adoption of corporate entrepreneurship: Managing domestic and global competitiveness through the lens of entrepreneurial orientation [J]. International Journal of Business and Emerging Markets, 2016, 8 (3): 307 –323.

[225] Judge T A, LePine J A, Rich B L. Loving yourself abundantly: Relationship of the narcissistic personality to self-and other perceptions of workplace deviance, leadership, and task and contextual performance [J]. Journal of Applied Psychology, 2006, 91 (4): 762 –775.

[226] Judge W Q, Liu-Thompkins Y, Brown J L, et al. The impact of home country institutions on corporate technological entrepreneurship via R&D investments and virtual world presence [J]. Entrepreneurship Theory and Practice, 2015, 39 (2): 237 –266.

[227] Kakapour S, Morgan T, Parsinejad S, et al. Antecedents of corporate entrepreneurship in Iran: The role of strategic orientation and opportunity recognition [J]. Journal of Small Business & Entrepreneurship, 2016, 28 (3): 251 –266.

[228] Kang K N, Park H. Influence of government R&D support and inter-firm collaborations on innovation in Korean biotechnology SMEs [J]. Technovation, 2012, 32 (1): 68 –78.

[229] Kaplan S. Framing contests: Strategy making under uncertainty [J]. Organization Science, 2008, 19 (5): 729 –752.

[230] Katila R, Ahuja G. Something old, something new: A longitudinal study of search behavior and new product introduction [J]. Academy of Management Journal, 2002, 45 (6): 1183 –1194.

[231] Kearney C, Hisrich R D, Antoncic B. The mediating role of corporate entrepreneurship for external environment effects on performance [J]. Journal of Business Economics and Management, 2013, 14 (sup1): S328 –S357.

[232] Kernis M H. Measuring self-esteem in context: The importance of stability of self-esteem in psychological functioning [J]. Journal of Personality, 2005, 73 (6): 1569 - 1605.

[233] Khalili H, Nejadhussein S, Fazel A. The influence of entrepreneurial orientation on innovative performance: Study of a petrochemical company in Iran [J]. Journal of Knowledge-based Innovation in China, 2013, 5 (3): 262 - 278.

[234] Khanna T, Palepu K. Is group affiliation profitable in emerging markets? An analysis of diversified Indian business groups [J]. The Journal of Finance, 2000, 55 (2): 867 - 891.

[235] Kim Y J, Song S, Sambamurthy V, et al. Entrepreneurship, knowledge integration capability, and firm performance: An empirical study [J]. Information Systems Frontiers, 2012, 14 (5): 1047 - 1060.

[236] Kirby J. Toward a theory of high performance [J]. Harvard Business Review, 2005, 83 (7): 30 - 9, 190.

[237] Kirzner I M. Entrepreneurial discovery and the competitive market process: An Austrian approach [J]. Journal of Economic Literature, 1997, 35 (1): 60 - 85.

[238] Knight G A. Cross-cultural reliability and validity of a scale to measure firm entrepreneurial orientation [J]. Journal of Business Venturing, 1997, 12 (3): 213 - 225.

[239] Kohut H. Forms and transformations of narcissism [J]. Journal of the American Psychoanalytic Association, 1966, 14 (2): 243 - 272.

[240] Kollmann T, Stöckmann C. Filling the entrepreneurial orientation-performance gap: The mediating effects of exploratory and exploitative innovations [J]. Entrepreneurship Theory and Practice, 2014, 38 (5): 1001 - 1026.

[241] Kostova T. Country institutional profiles: Concept and measurement [C]//

Academy of Management Proceedings. Academy of Management, 1997 (1): 180 – 184.

[242] Kostova T. Success of the transnational transfer of organizational practices within multinational companies [D]. Unpublished doctoral dissertation, University of Minnesota, 1996.

[243] Kostova T. Transnational transfer of strategic organizational practices: A contextual perspective [J]. Academy of Management Review, 1999, 24 (2): 308 – 324.

[244] Kramer M, Cesinger B, Schwarzinger D, et al. Investigating entrepreneurs' dark personality: How narcissism, machiavellianism, and psychopathy relate to entrepreneurial intention [C]//Proceedings of the 25th ANZAM conference, 2011.

[245] Kubarych T S, Deary I J, Austin E J. The Narcissistic Personality Inventory: Factor structure in a non-clinical sample [J]. Personality and Individual Differences, 2004, 36 (4): 857 – 872.

[246] Kuratko D F, Audretsch D B. Clarifying the domains of corporate entrepreneurship [J]. International Entrepreneurship and Management Journal, 2013, 9 (3): 323 – 335.

[247] Kuratko D F, Hornsby J S, Covin J G. Diagnosing a firm's internal environment for corporate entrepreneurship [J]. Business Horizons, 2014, 57 (1): 37 – 47.

[248] Kuratko D F, Hornsby J S, Hayton J. Corporate entrepreneurship: The innovative challenge for a new global economic reality [J]. Small Business Economics, 2015, 45 (2): 245 – 253.

[249] Kuratko D F, Ireland R D, Hornsby J S. Improving firm performance through entrepreneurial actions: Acordia's corporate entrepreneurship strategy [J]. The Academy of Management Executive, 2001, 15 (4): 60 – 71.

[250] Kuratko D F, Montagno R V, Hornsby J S. Developing an intrapreneurial assessment instrument for an effective corporate entrepreneurial environment [J]. Strategic Management Journal, 1990, 11: 49 – 58.

[251] Kwan L Y Y, Chiu C. Country variations in different innovation outputs: The interactive effect of institutional support and human capital [J]. Journal of Organizational Behavior, 2015, 36 (7): 1050 – 1070.

[252] Lassen A H, Gertsen F, Riis J O. The nexus of corporate entrepreneurship and radical innovation [J]. Creativity and Innovation Management, 2006, 15 (4): 359 – 372.

[253] Laursen K, Salter A. Open for innovation: The role of openness in explaining innovation performance among UK manufacturing firms [J]. Strategic Management Journal, 2006, 27 (2): 131 – 150.

[254] Lawrence P R, Lorsch J W. Organization and environment: Managing differentiation and integration [M]. Boston: Harvard University, 1967.

[255] Lee J M, Hwang B H, Chen H. Are founder CEOs more overconfident than professional CEOs? Evidence from S&P 1500 companies [J]. Strategic Management Journal, 2016.

[256] Lee T S, Tsai H J. The effects of business operation mode on market orientation, learning orientation and innovativeness [J]. Industrial Management & Data Systems, 2005, 105 (3): 325 – 348.

[257] Leone M I, Reichstein T. Licensing-in fosters rapid invention! The effect of the grant-back clause and technological unfamiliarity [J]. Strategic Management Journal, 2012, 33 (8): 965 – 985.

[258] Li H, Atuahene-Gima K. Marketing's influence and new product performance in Chinese firms [J]. Journal of International Marketing, 1999, 7 (1): 34 – 56.

[259] Li H, Atuahene-Gima K. Product innovation strategy and the performance of new technology ventures in China [J]. Academy of Management Journal,

2001, 44 (6): 1123 – 1134.

[260] Li H. How does new venture strategy matter in the environment-performance relationship? [J]. The Journal of High Technology Management Research, 2001, 12 (2): 183 – 204.

[261] Li H, Zhang Y, Chan T S. Entrepreneurial strategy making and performance in China's new technology ventures-the contingency effect of environments and firm competences [J]. The Journal of High Technology Management Research, 2005, 16 (1): 37 – 57.

[262] Li H, Zhang Y. The role of managers' political networking and functional experience in new venture performance: Evidence from China's transition economy [J]. Strategic Management Journal, 2007, 28 (8): 791 – 804.

[263] Li J, Tang Y I. CEO hubris and firm risk taking in China: The moderating role of managerial discretion [J]. Academy of Management Journal, 2010, 53 (1): 45 – 68.

[264] Li J, Tsui A S. A citation analysis of management and organization research in the Chinese context: 1984 – 1999 [J]. Asia Pacific Journal of Management, 2002, 19 (1): 87 – 107.

[265] Lim D S K, Morse E A, Mitchell R K, et al. Institutional environment and entrepreneurial cognitions: A comparative business systems perspective [J]. Entrepreneurship Theory and Practice, 2010, 34 (3): 491 – 516.

[266] Lin C. Corporatisation and corporate governance in China's economic transition [J]. Economics of Planning, 2001, 34 (1 – 2): 5 – 35.

[267] Ling Y A N, Simsek Z, Lubatkin M H, et al. Transformational leadership's role in promoting corporate entrepreneurship: Examining the CEO-TMT interface [J]. Academy of Management Journal, 2008, 51 (3): 557 – 576.

[268] Lin H C, Dang T T H, Liu Y S. CEO transformational leadership and firm performance: A moderated mediation model of TMT trust climate and envi-

ronmental dynamism [J]. Asia Pacific Journal of Management, 2016, 33 (4): 981 – 1008.

[269] Linton J D. De-babelizing the language of innovation [J]. Technovation, 2009, 29 (11): 729 – 737.

[270] Lin Z J, Peng M W, Yang H, et al. How do networks and learning drive M&As? An institutional comparison between China and the United States [J]. Strategic Management Journal, 2009, 30 (10): 1113 – 1132.

[271] Liu X, Buck T. Innovation performance and channels for international technology spillovers: Evidence from Chinese high-tech industries [J]. Research Policy, 2007, 36 (3): 355 – 366.

[272] Li Y, Guo H, Liu Y, et al. Incentive mechanisms, entrepreneurial orientation, and technology commercialization: Evidence from China's transitional economy [J]. Journal of Product Innovation Management, 2008, 25 (1): 63 – 78.

[273] Li Y, Zahra S A. Formal institutions, culture, and venture capital activity: A cross-country analysis [J]. Journal of Business Venturing, 2012, 27 (1): 95 – 111.

[274] Lovelace K, Shapiro D L, Weingart L R. Maximizing cross-functional new product teams' innovativeness and constraint adherence: A conflict communications perspective [J]. Academy of Management Journal, 2001, 44 (4): 779 – 793.

[275] Lubit R. The long-term organizational impact of destructively narcissistic managers [J]. The Academy of Management Executive, 2002, 16 (1): 127 – 138.

[276] Lumpkin G T, Dess G G. Clarifying the entrepreneurial orientation construct and linking it to performance [J]. Academy of Management Review, 1996, 21 (1): 135 – 172.

[277] Luo Y. Partnering with foreign firms: How do Chinese managers view the

governance and importance of contracts? [J]. Asia Pacific Journal of Management, 2002, 19 (1): 127 – 151.

[278] Lu Y, Tsang E W K, Peng M W. Knowledge management and innovation strategy in the Asia Pacific: Toward an institution-based view [J]. Asia Pacific Journal of Management, 2008, 25: 361 – 374.

[279] MacKinnon D P, Lockwood C M, Williams J. Confidence limits for the indirect effect: Distribution of the product and resampling methods [J]. Multivariate Behavioral Research, 2004, 39 (1): 99 – 128.

[280] Madhoushi M, Sadati A, Delavari H, et al. Entrepreneurial orientation and innovation performance: The mediating role of knowledge management [J]. Asian Journal of Business Management, 2011, 3 (4): 310 – 316.

[281] Makino S, Isobe T, Chan C M. Does country matter? [J]. Strategic Management Journal, 2004, 25 (10): 1027 – 1043.

[282] Manolova T S, Eunni R V, Gyoshev B S. Institutional environments for entrepreneurship: Evidence from emerging economies in Eastern Europe [J]. Entrepreneurship Theory and Practice, 2008, 32 (1): 203 – 218.

[283] March J G, Sutton R I. Organizational performance as a dependent variable [J]. Organization Science, 1997, 8 (6): 698 – 706.

[284] Martín-Rojas R, Fernández-Pérez V, García-Sánchez E. Encouraging organizational performance through the influence of technological distinctive competencies on components of corporate entrepreneurship [J]. International Entrepreneurship and Management Journal, 2016: 1 – 30.

[285] Mathieu C, St-Jean É. Entrepreneurial personality: The role of narcissism [J]. Personality and Individual Differences, 2013, 55 (5): 527 – 531.

[286] Matsuno K, Mentzer J T, Özsomer A. The effects of entrepreneurial proclivity and market orientation on business performance [J]. Journal of Marketing, 2002, 66 (3): 18 – 32.

[287] Meeus M T H, Oerlemans L A G. Firm behaviour and innovative perform-

ance: An empirical exploration of the selection-adaptation debate [J]. Research Policy, 2000, 29 (1): 41 –58.

[288] Meyer J W, Rowan B. Institutionalized organizations: Formal structure as myth and ceremony [J]. American Journal of Sociology, 1977, 83 (2): 340 – 363.

[289] Meyer K E. Institutions, transaction costs, and entry mode choice in Eastern Europe [J]. Journal of International Business Studies, 2001, 32 (2): 357 – 367.

[290] Meyer K E, Peng M W. Probing theoretically into Central and Eastern Europe: Transactions, resources, and institutions [J]. Journal of International Business Studies, 2005, 36 (6): 600 – 621.

[291] Miles R E, Snow C C, Meyer A D, et al. Organizational strategy, structure, and process [J]. Academy of Management Review, 1978, 3 (3): 546 – 562.

[292] Miller D, Friesen P H. Innovation in conservative and entrepreneurial firms: Two models of strategic momentum [J]. Strategic Management Journal, 1982, 3 (1): 1 – 25.

[293] Miller D, Shamsie J. Strategic responses to three kinds of uncertainty: Product line simplicity at the Hollywood film studios [J]. Journal of Management, 1999, 25 (1): 97 – 116.

[294] Miller D. The correlates of entrepreneurship in three types of firms [J]. Management Science, 1983, 29 (7): 770 – 791.

[295] Mintzberg H. The strategy concept I: Five Ps for strategy [J]. California Management Review, 1987, 30 (1): 11 – 24.

[296] Mitchell R K, Busenitz L, Lant T, et al. Toward a theory of entrepreneurial cognition: Rethinking the people side of entrepreneurship research [J]. Entrepreneurship Theory and Practice, 2002, 27 (2): 93 – 104.

[297] Molden D C, Higgins E T. Motivated thinking [J]. The Cambridge Hand-

book of Thinking and Reasoning, 2005: 295 – 317.

[298] Montalvo C. What triggers change and innovation? [J]. Technovation, 2006, 26 (3): 312 – 323.

[299] Morf C C, Rhodewalt F. Unraveling the paradoxes of narcissism: A dynamic self-regulatory processing model [J]. Psychological Inquiry, 2001, 12 (4): 177 – 196.

[300] Morris M H, Davis D L, Allen J W. Fostering corporate entrepreneurship: Cross-cultural comparisons of the importance of individualism versus collectivism [J]. Journal of International Business Studies, 1994, 25 (1): 65 – 89.

[301] Morris M H, Kuratko D F, Covin J G. Corporate entrepreneurship and innovation (3rd ed.) [M]. Cincinnati: Cengage/SouthWestern Publishers, 2011.

[302] Muller D, Judd C M, Yzerbyt V Y. When moderation is mediated and mediation is moderated [J]. Journal of Personality and Social Psychology, 2005, 89 (6): 852.

[303] Mustafa M, Richards J, Ramos H M. High performance human resource practices and corporate entrepreneurship: The mediating effect of middle managers knowledge collecting and donating behaviour [J]. Asian Academy of Management Journal, 2013, 18 (2): 17 – 36.

[304] Nadkarni S, Barr P S. Environmental context, managerial cognition, and strategic action: An integrated view [J]. Strategic Management Journal, 2008, 29 (13): 1395 – 1427.

[305] Narver J C, Slater S F, MacLachlan D L. Responsive and proactive market orientation and new-product success [J]. Journal of Product Innovation Management, 2004, 21 (5): 334 – 347.

[306] Newman K L. Organizational transformation during institutional upheaval [J]. Academy of Management Review, 2000, 25 (3): 602 – 619.

[307] North D C. Institutions, institutional change and economic performance [M]. Cambridge University Press, 1990.

[308] Oliver C. Strategic responses to institutional processes [J]. Academy of Management Review, 1991, 16 (1): 145–179.

[309] Ouimet G. Dynamics of narcissistic leadership in organizations: Towards an integrated research model [J]. Journal of Managerial Psychology, 2010, 25 (7): 713–726.

[310] Peng M W. Business strategies in transition economies [M]. Thousand Oaks: Sage Publications, 2000.

[311] Peng M W, Heath P S. The growth of the firm in planned economies in transition: Institutions, organizations, and strategic choice [J]. Academy of Management Review, 1996, 21 (2): 492–528.

[312] Peng M W. Institutional transitions and strategic choices [J]. Academy of Management Review, 2003, 28 (2): 275–296.

[313] Peng M W, Lee S H, Wang D Y L. What determines the scope of the firm over time? A focus on institutional relatedness [J]. Academy of Management Review, 2005, 30 (3): 622–633.

[314] Peng M W, Luo Y. Managerial ties and firm performance in a transition economy: The nature of a micro-macro link [J]. Academy of Management Journal, 2000, 43 (3): 486–501.

[315] Peng M W, Sun S L, Pinkham B, et al. The institution-based view as a third leg for a strategy tripod [J]. The Academy of Management Perspectives, 2009, 23 (3): 63–81.

[316] Peng M W. Towards an institution-based view of business strategy [J]. Asia Pacific Journal of Management, 2002, 19 (2–3): 251–267.

[317] Pepper L J, Strong P N. Judgmental subscales for the Mf scale of the MMPI [J]. Unpublished manuscript, 1958.

[318] Peyrefitte J, Fadil P A, Thomas A S. The influence of managerial experi-

ences on large firm internationalization ［J］. International Journal of Management, 2002, 19 (3): 495.

［319］ Pinto J K, Patanakul P. When narcissism drives project champions: A review and research agenda ［J］. International Journal of Project Management, 2015, 33 (5): 1180 – 1190.

［320］ Porter M E. Competitive advantage: Creating and sustaining superior performance ［M］. New York: FreePress, 1985.

［321］ Quigley T J, Hambrick D C. Has the "CEO effect" increased in recent decades? A new explanation for the great rise in America's attention to corporate leaders ［J］. Strategic Management Journal, 2015, 36 (6): 821 – 830.

［322］ Rajagopalan N, Datta D K. CEO characteristics: Does industry matter? ［J］. Academy of Management Journal, 1996, 39 (1): 197 – 215.

［323］ Raskin R N, Hall C S. A narcissistic personality inventory ［J］. Psychological Reports, 1979, 45 (2): 590 – 590.

［324］ Raskin R, Terry H. A principal-components analysis of the Narcissistic Personality Inventory and further evidence of its construct validity ［J］. Journal of Personality and Social Psychology, 1988, 54 (5): 890 – 902.

［325］ Resick C J, Whitman D S, Weingarden S M, et al. The bright-side and the dark-side of CEO personality: Examining core self-evaluations, narcissism, transformational leadership, and strategic influence ［J］. Journal of Applied Psychology, 2009, 94 (6): 1365 – 1381.

［326］ Richard P J, Devinney T M, Yip G S, Johnson G. Measuring organizational performance: Towards methodological best practice ［J］. Journal of Management, 2009, 35 (3): 718 – 804.

［327］ Rijsenbilt A, Commandeur H. Narcissus enters the courtroom: CEO narcissism and fraud ［J］. Journal of Business Ethics, 2013, 117 (2): 413 – 429.

[328] Rochford L, Rudelius W. New product development process: Stages and successes in the medical products industry [J]. Industrial Marketing Management, 1997, 26 (1): 67 – 84.

[329] Rosenthal S A, Pittinsky T L. Narcissistic leadership [J]. The Leadership Quarterly, 2006, 17 (6): 617 – 633.

[330] Rousseau D M, Fried Y. Location, location, location: Contextualizing organizational research [J]. Journal of Organizational Behavior, 2001, 22 (1): 1 – 13.

[331] Salimath M S, Cullen J B, Umesh U N. Outsourcing and performance in entrepreneurial firms: Contingent relationships with entrepreneurial configurations [J]. Decision Sciences, 2008, 39 (3): 359 – 381.

[332] Sanders W G. Behavioral responses of CEOs to stock ownership and stock option pay [J]. Academy of Management Journal, 2001, 44 (3): 477 – 492.

[333] Schumpeter J A. The theory of economic development [M]. Boston, MA: Harvard, 1934.

[334] Scott W R. Institutions and organizations: Theory and research [M]. Thousand Oaks, CA: Sage Publications, 1995.

[335] Serkownek K. Subscales for scale 5 and 0 of the MMPI [J]. Unpublished manuscript, 1975.

[336] Seybert N. Size does matter (in signatures) [J]. Harvard Business Review, 2013, 91 (5): 32 – 33.

[337] Shane S, Venkataraman S, MacMillan I. Cultural differences in innovation championing strategies [J]. Journal of Management, 1995, 21 (5): 931 – 952.

[338] Shan P, Song M, Ju X. Entrepreneurial orientation and performance: Is innovation speed a missing link? [J]. Journal of Business Research, 2016, 69 (2): 683 – 690.

[339] Sharma P, Chrisman J J. Toward a reconciliation of the definitional issues in

the field of corporate entrepreneurship [J]. Entrepreneurship Theory and Practice, 1999, 23 (3): 11 – 11.

[340] Shepherd D A, McMullen J S, Ocasio W. Is that an opportunity? An attention model of top managers' opportunity beliefs for strategic action [J]. Strategic Management Journal, 2016.

[341] Shimizu K. Risks of corporate entrepreneurship: Autonomy and agency issues [J]. Organization Science, 2012, 23 (1): 194 – 206.

[342] Shinkle G A, McCann B T. New product deployment: The moderating influence of economic institutional context [J]. Strategic Management Journal, 2014, 35 (7): 1090 – 1101.

[343] Simons T, Pelled L H, Smith K A. Making use of difference: Diversity, debate, and decision comprehensiveness in top management teams [J]. Academy of Management Journal, 1999, 42 (6): 662 – 673.

[344] Simsek Z, Heavey C. The mediating role of knowledge-based capital for corporate entrepreneurship effects on performance: A study of small-to medium-sized firms [J]. Strategic Entrepreneurship Journal, 2011, 5 (1): 81 – 100.

[345] Simsek Z, Heavey C, Veiga J J F. The impact of CEO core self-evaluation on the firm's entrepreneurial orientation [J]. Strategic Management Journal, 2010, 31 (1): 110 – 119.

[346] Simsek Z, Veiga J F, Lubatkin M H. The impact of managerial environmental perceptions on corporate entrepreneurship: Towards understanding discretionary slack's pivotal role [J]. Journal of Management Studies, 2007, 44 (8): 1398 – 1424.

[347] Slater S F, Narver J C. The positive effect of a market orientation on business profitability: A balanced replication [J]. Journal of Business Research, 2000, 48 (1): 69 – 73.

[348] Smallbone D, Welter F. Conceptualizing entrepreneurship in a transition

context [J]. International Journal of Entrepreneurship and Small Business, 2006, 3 (2): 190 –206.

[349] Sobel M E. Asymptotic confidence intervals for indirect effects in structural equation models [J]. Sociological Methodology, 1982, 13: 290 –312.

[350] Spencer J W, Gómez C. The relationship among national institutional structures, economic factors, and domestic entrepreneurial activity: A multicountry study [J]. Journal of Business Research, 2004, 57 (10): 1098 –1107.

[351] Steers R M. Problems in the measurement of organizational effectiveness [J]. Administrative Science Quarterly, 1975, 20: 546 –558.

[352] Stephen F H, Urbano D, van Hemmen S. The impact of institutions on entrepreneurial activity [J]. Managerial and Decision Economics, 2005, 26 (7): 413 –419.

[353] Suchman M C. Managing legitimacy: Strategic and institutional approaches [J]. Academy of Management Review, 1995, 20 (3): 571 –610.

[354] Sun S L, Peng M W, Tan W. Institutional relatedness behind product diversification and international diversification [J]. Asia Pacific Journal of Management, 2017: 1 –28.

[355] Tang G, Chen Y, Jin J. Entrepreneurial orientation and innovation performance: Roles of strategic HRM and technical turbulence [J]. Asia Pacific Journal of Human Resources, 2015, 53 (2): 163 –184.

[356] Tang J. How entrepreneurs discover opportunities in China: An institutional view [J]. Asia Pacific Journal of Management, 2010, 27 (3): 461 –479.

[357] Tan J. Impact of ownership type on environment-strategy linkage and performance: Evidence from a transitional economy [J]. Journal of Management Studies, 2002, 39 (3): 333 –354.

[358] Tan J. Regulatory environment and strategic orientations in a transitional economy: A study of Chinese private enterprise [J]. Entrepreneurship

Theory and Practice, 1996, 21 (1): 31 –47.

[359] Teece D J. Explicating dynamic capabilities: The nature and microfoundations of (sustainable) enterprise performance [J]. Strategic Management Journal, 2007, 28 (13): 1319 –1350.

[360] Teece D J, Pisano G, Shuen A. Dynamic capabilities and strategic management [J]. Strategic Management Journal, 1997: 509 –533.

[361] Tello S, Latham S, Kijewski V. Individual choice or institutional practice: Which guides the technology transfer decision-making process? [J]. Management Decision, 2010, 48 (8): 1261 –1281.

[362] Thompson J D. Organizations in action: Social science bases of administrative theory [M]. New Brunswick: Transaction Publishers, 1967.

[363] Tsui A S. Contextualization in Chinese management research [J]. Management and Organization Review, 2006, 2 (1): 1 –13.

[364] Tsui A S. Contributing to global management knowledge: A case for high quality indigenous research [J]. Asia Pacific Journal of Management, 2004, 21 (4): 491 –513.

[365] Tushman M L, Romanelli E. Organizational evolution: A metamorphosis model of convergence and reorientation [J]. In B Staw and L L Cummings (eds.), Research in Organizational Behavior 7, Greenwich, CT: JAI Press, 1985.

[366] Tyler B B, Steensma H K. The effects of executives' experiences and perceptions on their assessment of potential technological alliances [J]. Strategic Management Journal, 1998, 19 (10): 939 –965.

[367] Vazire S, Naumann L P, Rentfrow P J, et al. Portrait of a narcissist: Manifestations of narcissism in physical appearance [J]. Journal of Research in Personality, 2008, 42 (6): 1439 –1447.

[368] Venkataraman S, Sarasvathy S D, Dew N, et al. Reflections on the 2010 AMR decade award: Whither the promise? Moving forward with entrepre-

neurship as a science of the artificial [J]. Academy of Management Review, 2012, 37 (1): 21 – 33.

[369] Venkatraman N, Ramanujam V. Measurement of business performance in strategy research: A comparison of approaches [J]. Academy of Management Review, 1986, 11 (4): 801 – 814.

[370] Vesper K H. New venture experience [M]. Seattle: Vector Books, 1996.

[371] Wales W J, Patel P C, Lumpkin G T. In pursuit of greatness: CEO narcissism, entrepreneurial orientation, and firm performance variance [J]. Journal of Management Studies, 2013, 50 (6): 1041 – 1069.

[372] Waller M J, Huber G P, Glick W H. Functional background as a determinant of executives' selective perception [J]. Academy of Management Journal, 1995, 38 (4): 943 – 974.

[373] Walsh J P. Managerial and organizational cognition: Notes from a trip down memory lane [J]. Organization Science, 1995, 6 (3): 280 – 321.

[374] Wang C L, Ahmed P K. The development and validation of the organizational innovativeness construct using confirmatory factor analysis [J]. European Journal of Innovation Management, 2004, 7 (4): 303 – 313.

[375] Wang C, Yi J, Kafouros M, et al. Under what institutional conditions do business groups enhance innovation performance? [J]. Journal of Business Research, 2015, 68 (3): 694 – 702.

[376] Wang Y, Gao Z. Corporate entrepreneurship, core competence and market performance [J]. 2006.

[377] Wei L Q, Ling Y. CEO characteristics and corporate entrepreneurship in transition economies: Evidence from China [J]. Journal of Business Research, 2015, 68 (6): 1157 – 1165.

[378] Wiersema M F, Bantel K A. Top management team demography and corporate strategic change [J]. Academy of Management Journal, 1992, 35 (1): 91 – 121.

[379] Williamson O E. Comparative economic organization: The analysis of discrete structural alternatives [J]. Administrative Science Quarterly, 1991, 36 (2): 269 – 296.

[380] Williamson O E. The Economic institutions of capitalism: Firms, markets, relational contracting [M]. New York: Free Press, 1985.

[381] Wink P, Gough H G. New narcissism scales for the California Psychological Inventory and MMPI [J]. Journal of Personality Assessment, 1990, 54 (3 – 4): 446 – 462.

[382] Wink P. Two faces of narcissism [J]. Journal of Personality and Social Psychology, 1991, 61 (4): 590 – 597.

[383] Wisse B, Barelds D P H, Rietzschel E F. How innovative is your employee? The role of employee and supervisor Dark Triad personality traits in supervisor perceptions of employee innovative behavior [J]. Personality and Individual Differences, 2015, 82: 158 – 162.

[384] Yayavaram S, Chen W R. Changes in firm knowledge couplings and firm innovation performance: The moderating role of technological complexity [J]. Strategic Management Journal, 2015, 36 (3): 377 – 396.

[385] Yiu D W, Lau C M, Bruton G D. International venturing by emerging economy firms: The effects of firm capabilities, home country networks, and corporate entrepreneurship [J]. Journal of International Business Studies, 2007, 38 (4): 519 – 540.

[386] Yiu D W, Lau C M. Corporate entrepreneurship as resource capital configuration in emerging market firms [J]. Entrepreneurship Theory and Practice, 2008, 32 (1): 37 – 57.

[387] Yi Y, Liu Y, He H, et al. Environment, governance, controls, and radical innovation during institutional transitions [J]. Asia Pacific Journal of Management, 2012, 29 (3): 689 – 708.

[388] Zahra S A. Corporate entrepreneurship and financial performance: The case

of management leveraged buyouts [J]. Journal of Business Venturing, 1995, 10 (3): 225 – 247.

[389] Zahra S A, Covin J G. Contextual influences on the corporate entrepreneurship-performance relationship: A longitudinal analysis [J]. Journal of Business Venturing, 1995, 10 (1): 43 – 58.

[390] Zahra S A. Environment, corporate entrepreneurship, and financial performance: A taxonomic approach [J]. Journal of Business Venturing, 1993, 8 (4): 319 – 340.

[391] Zahra S A, Garvis D M. International corporate entrepreneurship and firm performance: The moderating effect of international environmental hostility [J]. Journal of Business Venturing, 2000, 15 (5): 469 – 492.

[392] Zahra S A, George G, Dharwadkar R. Entrepreneurship in the multinational corporation: The effects of corporate and local contexts [C]//Academy of Management Proceedings, 2001 (1): 1 – 6.

[393] Zahra S A. Goverance, ownership, and corporate entrepreneurship: The moderating impact of industry technological opportunities [J]. Academy of Management Journal, 1996, 39 (6): 1713 – 1735.

[394] Zahra S A, Pearce J A. Corporate entrepreneurship in smaller firms: The role of environment, strategy and organization [J]. Entrepreneurship, Innovation and Change, 1994, 3 (1): 31 – 44.

[395] Zehir C, Can E, Karaboga T. Linking entrepreneurial orientation to firm performance: The role of differentiation strategy and innovation performance [J]. Procedia-Social and Behavioral Sciences, 2015, 210: 358 – 367.

[396] Zhou K Z, Yim C K, Tse D K. The effects of strategic orientations on technology-and market-based breakthrough innovations [J]. Journal of Marketing, 2005, 69 (2): 42 – 60.

[397] Zou G Q, Gao H. Entrepreneurs' mental models and strategic choice [J]. The Frontiers in Economic and Management Research, 2013, 2: 70 – 79.